Eine Praxismappe für die Arbeit mit Jungen

MÜSSEN JUNGEN AGGRESSIV SEIN?

Verlag an der Ruhr

Jens Krabel

IMPRESSUM

Titel: Müssen Jungen aggressiv sein?
Eine Praxismappe für die Arbeit mit Jungen

Autoren: Jens Krabel
zusammen mit: Sebastian Schädler, Olaf Stuve
und Klaus Peter Dilger (Pat-Ex e.V.)

Umschlag: Martina Foßhag

Illustrationen: Martina Foßhag
Claudia Pütz

Druck: Druckerei Uwe Nolte, Iserlohn

Verlag: Verlag an der Ruhr
Postfach 10 22 51, 45422 Mülheim an der Ruhr
Alexanderstr. 54, 45472 Mülheim an der Ruhr
Tel.: 02 08 – 49 50 40 Fax: 02 08 – 495 0 495
e-mail: info@verlagruhr.de

ISBN 3-86072-392-8

Die Schreibweise der Texte folgt der reformierten Rechtschreibung.

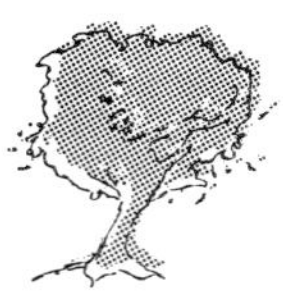

Ein weiterer Beitrag zum Umweltschutz:

*Das Papier, auf dem dieser Titel gedruckt ist, hat ca. **50% Altpapieranteil**, der Rest sind **chlorfrei** gebleichte Primärfasern.*

INHALT

„Gefühle"

„Leitbilder"

„Körper-Spaß"

„Streiten"

„Ja- und Nein-Sagen"

„Spaß und Vertrauen"

„Geschlechter"

„Mädchenwelten"

„Sexualität"

ÜBER DIE AUTOREN UND PAT-EX E.V.

Die Autoren dieser Praxismappe sind seit vielen Jahren in der schulischen und außerschulischen Bildungsarbeit tätig. Ein besonderer Schwerpunkt ist die geschlechtsdifferenzierte Arbeit mit Jungen. Der Verein Pat-Ex e.V. ging aus einer Männergruppe hervor, die 1988/89 an der FU Berlin entstand, um sich mit folgenden Fragen auseinander zu setzen:

- Wie soll Mann sich zu den „privaten" wie „politischen" Anforderungen nach einem veränderten Mann-Sein verhalten?
- Wohin mit der Unzufriedenheit über die Grenzen männlicher Rollenklischees?
- Welche Schlussfolgerungen können Männer aus theoretischen feministischen Diskussionen ziehen?
- Welche Möglichkeiten gibt es, offen für Veränderungen zu sein und gleichzeitig politisch handelnd zu Geschlechterkonflikten Stellung zu beziehen?

Aus dieser Beschäftigung mit der eigenen Sozialisation entstand die Lust, mit Kindern, Jugendlichen und jungen Männern entsprechend zu Leit- und Leidbildern moderner Männlichkeiten zu arbeiten.

Die Methoden dieser Praxismappe wurden in folgenden Projekten entwickelt:

- 5-Tage-Seminare mit 14- bis 18-jährigen Jungen, eine Mischung aus Klassenfahrt und Jugendbildungsreise an der Jugendbildungsstätte Kaubstraße e.V., Berlin.
  Themen: Liebe/Sexualität, Gewalt, Männlichkeit
- Berliner Modellversuch „Konfliktbewältigung für Mädchen und Jungen": Jungen- und Mädchenkurse in 24 Einheiten á 90 Minuten während eines Schuljahres an Berliner Grundschulen
  Altersstufe: 8–12 Jahre.
- Projekte auf Initiative einzelner LehrerInnen an den jeweiligen Schulen. Unterschiedliche Dauer, Altersgruppen, Schwerpunkte

Die Autoren freuen sich über jeden Kontakt und jede Rückmeldung zu Ihrem Projekt.

Pat-Ex sind:

- Klaus Peter Dilger
- Sven Hirsch
- Bernard Könnecke
- Jens Krabel
- Sebastian Schädler
- Olaf Stuve

Anschrift:
Willibald-Alexis-Str. 34
10965 Berlin

Auch heute noch bestimmen Geschlechtsrollen-Klischees das Verhalten von Frauen und Männern, den Umgang miteinander.

Der typische, dem männlichen Rollenklischee entsprechende Mann ist hart gegen sich und andere. Seine Gewalt richtet sich in erster Linie gegen Frauen und Mädchen, aber auch gegen andere Männer – und auch immer gegen sich selbst.

Aber welcher Mann ist schon immer stark, hart, aktiv?
Welcher Mann weint nie ...?

Trotzdem werden diese Bilder immer wieder aufs Neue vermittelt, von Kind auf. Welcher Mechanismus wirkt da?

Präventive Jungenarbeit sollte möglichst frühzeitig traditionelle Männlichkeitsbilder in Frage stellen und eine Erweiterung des Erlebnis- und Verhaltensrepertoires von Jungen intendieren.

Eine Erkenntnis unserer Arbeit ist, dass jeder Junge das entsprechende Potenzial und die Neugier auf eine solche Erweiterung in sich trägt. Es kommt aus pädagogischer Sicht darauf an, die Jungen an möglichst vielen Orten, in Schule, Jugendfreizeitheim usw. zu dieser Entdeckungsreise zu ermutigen.

Sicher kennen Sie aus Ihrer alltäglichen pädagogischen Arbeit Situationen, in denen Sie sich einen bestimmten Zugang zu Jungen gewünscht haben – nur dass Ihnen konkrete Anregungen fehlten: „Wie kann ich jetzt bloß zu diesem Kerl durchdringen?"

Wir wollen Ihnen mit dieser Praxismappe die Themen und Methoden vorstellen, mit denen wir in den letzten Jahren gute Erfahrungen gemacht haben. Wir sind uns sicher, dass Sie damit genauso gut klar kommen und gemeinsam mit den Jungen viel Spaß an der Arbeit haben werden!

Jungen-Bilder

Je häufiger wir mit Jungengruppen arbeiten, um so schwieriger wird es für uns, von **dem** Jungen zu sprechen, der sich in den gängigen Klischees manifestiert: „aggressiv, Raum einnehmend, konkurrierend, gewalttätig, im Inneren aber ganz schwach und verletzlich". Es scheint, als strotzten Jungen nur so vor Defiziten. Die Bilder in den Köpfen der Jungen, Bilder vom Mannsein, wo kommen sie her? Sind die Medien, die Eltern, die PädagogInnen, die Peer-group Schuld an den falschen Vorbildern? Rambo allein Zuhaus ...

Wir wissen, dass es auch den **anderen** Jungen gibt, der andere Vorbilder sucht, sich in seiner Freizeit anders beschäftigt. Der „normal" aggressiv, gewalttätig, liebevoll und zärtlich mit anderen Jungen wie Mädchen umgeht.

Das Problem der Geschlechterrollen ist komplizierter, als dass man nur bestimmte Vorbilder oder Freizeitbeschäftigungen verbieten oder unterstützen müsste. Zweifellos hat „Geschlecht" eine enorme Bedeutung für unser Leben als Erwachsene wie auch das der Jungen.

Jungen stehen dabei allerdings folgenden Problemen gegenüber:

- Sie wissen eigentlich nicht, was das ist: „Ein Mann sein".
- Sie machen sich allerdings verzweifelt auf die Suche danach, denn eins dürfen sie auf keinen Fall: „Kein Mann sein".
- Wenn sie es geschafft haben, als „echter Kerl" zu gelten, gibt es ein paar Probleme:

  Dieser „Titel" ist immer nur auf Zeit verliehen; eine falsche Handlung und man ist draußen, uncool ...
  Der „Titel" ist immer nur in einem bestimmten Umfeld gültig: Bloße körperliche Stärke wird auf der Straße als Fähigkeit zum Überleben bewundert, in der Schule aber sanktioniert.
  Je nach Schicht, Religion und Herkunft ist „Männlichkeit" mit Idealen wie „Ehre" und „Treue" verbunden, die in anderen Situationen längst an Bedeutung verloren haben.

Wir legen in unserer Arbeit mit Jungen sehr großen Wert darauf, sie so weit wie möglich individuell wahrzunehmen. Jeder Junge hat an unterschiedlichen Punkten Ängste und an unterschiedlichen Punkten Selbstvertrauen.

Ziele

Jeder Junge hat Bedürfnisse und Fähigkeiten, die sich nicht mit den gängigen Erwartungen ans „Junge-Sein" vereinbaren lassen. Wir erkunden mit ihnen die damit verbundenen Ängste und ermutigen sie, nicht konforme Bedürfnisse zu leben, sich die passenden Freunde und Freundinnen zu suchen.
Wir erarbeiten mit ihnen Alternativen zu den vermeintlichen Vorbildern: den Filmhelden, Medien-Heroen, Macho-Vätern, Cliquen-Anführern ...
Wir ermöglichen es ihnen, Konflikte zu bewältigen und bestimmte Erfahrungen mit Spaß, Kooperation und Zärtlichkeit zu machen, auf die sie in ihrem späteren Leben vielleicht zurückgreifen können.
Jungen müssen begreifen lernen, dass man sich Anerkennung und Machtpositionen nicht nur über aggressives Verhalten verschaffen kann. Es gilt andere Wege der Anerkennung individueller Bedürfnisse zu erfahren.

1. Was ist Jungenarbeit?

„Jungenarbeit" gibt es in gewisser Hinsicht seit Menschengedenken: Jungen wurden und werden in den meisten Gesellschaften anders als Mädchen erzogen: zu anderen Gefühlen, anderen Selbstbildern, anderen Leistungsnormen.
Wir verstehen unter Jungenarbeit jedoch etwas anderes: eine pädagogische Arbeit, die auf dieses spezielle „Gepäck" der Jungen antwortet. Die sie davon entlastet, Ansprüchen und Leistungsnormen hinterher zu laufen, die nicht zu ihnen passen. Und die zusammen mit entsprechender Mädchenarbeit versucht, Kindern und Jugendlichen Verhaltenschancen mitzugeben, bei denen viele Konflikte überflüssig werden.
Eine allgemein anerkannte, richtige Jungenarbeit gibt es zwar nicht. In ihrer relativ kurzen knapp zwanzigjährigen Geschichte hat sie es jedoch schon auf mehrere, sich voneinander abgrenzende Definitionen gebracht.

Richtungen der Jungenarbeit

- **Antisexistische Jungenarbeit**
  Sie will verhindern, dass Jungen auf Kosten der Mädchen ihre Ziele durchsetzen, dass Jungen Mädchen schlagen, ihre Grenzen verletzen, sich Räume nehmen, dass sie später einmal als Männer Gewalt gegen Frauen ausüben.
- **Emanzipatorische Jungenarbeit**
  Sie will erreichen, dass sich Jungen und Mädchen von den einengenden Geschlechterrollen emanzipieren.
- **Parteiliche Jungenarbeit**
  Eine Arbeit, die Jungen in ihren Ängsten ernst nimmt, die proklamiert, auf Seiten der Jungen zu stehen.
- **Patriarchatskritische Jungenarbeit**
  Sie findet Geschlechter-Identitäten jeder Art problematisch und setzt auf die Vielfalt von Ausdrucksmöglichkeiten aller Menschen.
- **Geschlechtsspezifische Jungenarbeit**
  Sie zeigt, dass Verhaltensweisen, Wahrnehmungen, Lebensrealitäten, Wünsche geschlechtsspezifisch geprägt sind.
- **„Maskulinistische" Jungenarbeit**
  Sie will traditionelle Männlichkeits-Ideale wieder positiv besetzen.

Die „beste" Jungenarbeit ...

... liegt vermutlich jenseits jeder Theorie und jeden Etiketts. Der Begriff, unter dem jemand Jungenarbeit macht, ist zunächst einmal unwichtig. Entscheidend ist, dass Jungen wie Mädchen praktische, handfeste Unterstützung in der Auseinandersetzung mit den herkömmlichen Geschlechtervorstellungen brauchen.
Vielleicht ist eine der wichtigsten Methoden der Jungenarbeit der differenzierte Blick auf Jungen. Da gibt es die lauten, die leisen, die stillen, die aggressiven, die von ihren Eltern geschlagenen, die autoaggressiven und die aus verschiedenen Schichten und Kulturen stammenden Jungen. So kann eine Methode für bestimmte Jungen gut sein, für andere dagegen kontraproduktiv, für wiederum andere schlicht ein halbes Jahr zu früh kommen.
Sie als PädagogInnen sind gefordert, auf die unterschiedlichen Anforderungen unterschiedlich einzugehen. Dabei wollen wir Sie mit diesem Buch unterstützen.

2. Perspektiven der Jungenarbeit

Die theoretische Auseinandersetzung um den „Königsweg" der Jungenarbeit leidet an der geringen Anzahl und der noch geringeren vergleichbaren Auswertung praktischer Experimente.
Es mangelt an Männern, die bereit wären, sich dem Thema der Geschlechterverhältnisse zu stellen.
Es fehlt an den nötigen Geldmitteln, die diese Arbeit erfordert – zumal bereits die feministische Mädchenarbeit durch die finanzielle Austrocknung existenziell bedroht ist.
Nötig wäre eine Ausweitung der bisherigen Projekte, damit in Zukunft noch viel mehr experimentiert werden kann, um deutlichere Aussagen zu Sinn und Zweck verschiedener Methoden der Jungenarbeit machen zu können.
Dabei sollte Jungenarbeit auch immer wieder neue Wege einschlagen und ausprobieren: z.B. mit Jungengruppen verschiedenen Alters arbeiten, die von Männern und Frauen betreut werden; für gemischte Jungen- und Mädchengruppen Kurse anbieten, in denen dennoch zu Geschlechts-Stereotypen gearbeitet wird usw.

Wir halten in dieser noch immer am Anfang stehenden Disziplin folgende Fragen für wesentlich:

- Sollte in der Jungenarbeit nur auf sozial unverträgliche Verhaltensweisen eingegangen werden; soll man Jungen als reale oder potenzielle Täter behandeln?
- Sollte man das Augenmerk auf Schwächen und Probleme richten, und Jungen selber als Opfer der Gesellschaft und deren „männlichen" Leistungsnormen wahrnehmen?
- Gibt es qua Geburt spezifisch männliche Eigenschaften, ein biologisch verstandenes männliches Prinzip, das Männer empfänglicher für bestimmte Charaktereigenschaften macht: Abenteuerlust, Selbstbeherrschung, Machtstreben?
- Setzt man es sich zum Ziel, dass Männer mit den widersprüchlichen Anforderungen gesellschaftlich moderner Entwicklung leben können, ohne sich in Gewalt fördernde, patriarchale Geschlechtermodelle jedweder Art zu flüchten?
- Fördert man durch die Aufteilung einer Gruppe in Jungen und Mädchen nicht das, was man verhindern will: Die Wahrnehmung der Welt als eine, in der sich alles danach entscheidet, ob man Mann oder Frau ist?
- Sollte bei der Arbeit mit Jungen nicht auch darauf eingegangen werden, dass es laute und leise, starke und schwache Jungen wie Mädchen gibt? Dass sie aus unterschiedlichen Schichten und Kulturen kommen? Dass sie als Kinder und Jugendliche die Welt aus einer anderen Perspektive betrachten, als es PädagogInnen möglich ist?
- Haben Jungs und Mädchen vor allem „Defizite", die von Erwachsenen mit Pädagogik behoben werden können oder leben sie nicht auch immer eine Vielfalt potenzieller Entwicklungen vor, die auf die Defizite der Erwachsenen und PädagogInnen verweist?

3. Zur Geschichte der Jungenarbeit

Es ist noch nicht so lange her, dass man sich Gedanken über Jungenarbeit macht. Hintergrund sind die politischen Auseinandersetzungen, die seit den 50er-Jahren um die „richtigen" Erziehungsmodelle geführt wurden. Zunächst wurde die Einführung der Koedukation als Meilenstein in der Auseinandersetzung um Gleichberechtigung von Jungen und Mädchen angesehen. Kaum umgesetzt, wurde daran kritisiert, dass Mädchen in ihren Entwicklungschancen immer noch benachteiligt wurden, weil Erziehungsideale mit einem bestimmten Bild von „Männlichkeit" und „Weiblichkeit" weiterhin im Mittelpunkt der pädagogischen Methoden standen.
Die Anfang der 70er-Jahre einsetzende Arbeit mit Mädchengruppen sollte dagegen Mädchen zu selbstbewussten Menschen erziehen, die nicht mehr durch weibliche Rollenklischees eingeschränkt werden.
Einige Jahre später gelangten auch die Jungen ins Zentrum der Aufmerksamkeit von PädagogInnen. Oft blieben sie schlicht in den Jugendzentren übrig. Die Mädchen hatten sich eigene Räume und Gruppen geschaffen, um dort Selbstverteidigung zu üben und Platz für ihre Bedürfnisse zu haben: Reden über Sexualität, Gewalterfahrungen, Verliebtsein usw.
Für Jungen änderte sich zunächst wenig: sie spielten weiter Fußball und widmeten sich ihren Hobbys. Diese Situation war unbefriedigend: Die PädagogInnen und durchaus auch Mädchen stellten andere Anforderungen an die Jungen. Sie sollten besser mit den eigenen Grenzen und denen anderer umgehen können, sie sollten sich nicht immer für den Mittelpunkt von allem halten und manchmal schlicht leiser sein.

Anfang der 80er-Jahre wurden erste praktische Erfahrungen mit geschlechtsspezifischer Jungenarbeit gemacht. Zunächst standen die destruktiven Seiten des Junge-Seins im Mittelpunkt. Die Arbeit mit Jungen sollte sie zu sozial verträglichen Menschen erziehen, die sich nicht mehr Raum einnehmend, aggressiv und grenzüberschreitend verhalten sollten. Methodisch versprach man

sich viel davon, den Jungen Regeln zu vermitteln, an denen sie „richtig" und „falsch" unterscheiden lernen sollten.
Jungen wurden somit gewissermaßen als Täter, Mädchen als Opfer angesehen. Beide Gruppen waren vor allem unter dem Aspekt ihrer „Defizite" interessant, die man beseitigen wollte. Eine der bedeutenden Institutionen, die zu dieser Zeit unter dem Begriff „antisexistisch" Jungenarbeit betrieben, war die Heimvolkshochschule „Alte Molkerei Frille" (siehe Literatur).
Seitdem gibt es vor allem seit Anfang der 90er-Jahre verstärkt theoretische und leider seltene praktische Ansätze zur Jungenarbeit.

4. Männer- und Frauenrollen im Patriarchat

Wir leben in einer Gesellschaft, in der das Geschlechterverhältnis hierarchisch ist und Männer als soziale Gruppe strukturelle und direkte Gewalt ausüben.
Konkret handelt es sich um

- ✦ Nichtanerkennung von Frauenarbeit
- ✦ Unterbezahlung von Frauen
- ✦ den Ausschluss von Frauen von Führungspositionen
- ✦ Behandlung von Frauen als Sexualobjekt
- ✦ Gewaltandrohungen und Vergewaltigung

„Männer sind halt so ...!?"

Nicht zuletzt die feministische Diskussion hat herausgefunden, dass es eine Naturgesetzlichkeit zum Glück nicht gibt. Die Verhältnisse zwischen Männern und Frauen sind gesellschaftlich geprägt und können deshalb verändert werden.
Das Patriarchat ist aber keine bloße Herrschaft von Rambo-Männern, die entmachtet und durch andere Männlichkeits-Rollen ersetzt gehören. Vermeintlich „weichere" Männer, zu Teamarbeit bereite Männergruppen in Büros, Frauen ausschließende Klubs und selbst allein erziehende Väter können alle in ihrer widersprüchlichen Konkurrenz zueinander das „Patriarchat" als Ganzes stabilisieren. Robert Connell hat dieses Zusammenspiel, das auf der strukturellen Hierarchie gegenüber Frauen beruht, „System hegemonialer Männlichkeit" genannt.

Individuell gesehen stellt sich dieses System selbstverständlich nicht so klar dar: Männer werden auch Opfer von Gewalt und Ausbeutung, Frauen haben Machtpositionen auch gegenüber Männern. Deshalb hilft es nichts, sich einzelne „Identitäten" und sei es die des „männlichen Kriegers" herauszugreifen und zu brandmarken. Wir denken, dass die individuelle Veränderung der eigenen „Männlichkeits"- und „Weiblichkeits"-Rolle nötig ist, dass aber gleichzeitig versucht werden muss, gesellschaftliche Rahmenbedingungen politisch zu verändern.

Möglichkeiten zur Veränderung

- ✦ Die Bedeutungen, Eigenschaften und Verhaltensweisen, die als „Männlichkeit" traditionell immer noch den Männern zugewiesen werden, sind real nicht zu erreichen: Die Männlichkeit des starken Helden oder des emotionslosen „Business-Yuppies" sind nichts als fantastische Bilder. Wenn sie das erkennen, können viele Männer und auch Jungen es als befreiend erleben, sich an diesen unerreichbaren Bildern nicht mehr abzuarbeiten.
- ✦ Die allgegenwärtige Meinung, dass die Welt sich in zwei Geschlechter aufteilt, die verschiedene Aufgaben zu erfüllen hätten, ist längst an vielen Stellen ad absurdum geführt. Es gibt Männer und Frauen, die sich quer zu den vorgegebenen Rollen verhalten – Männer mit Röcken, Frauen, denen ihr Beruf wichtiger ist als die Kinder, Puppen spielende Jungen, Kfz-Mechanikerinnen etc.

Wir sehen eine Chance der Veränderung darin, die Vielfalt der persönlich gelebten Identitäten aufzuzeigen. Vielleicht wird dann die Enge und Gewalt des herkömmlichen Geschlechter-Korsetts sichtbar. Mehr Männer könnten sich dazu entschließen, angesichts der attraktiven und lustvollen Alternative von ihren Machtpositionen zu desertieren. Das „Neue" wird sich dann aus sehr vielen individuellen Wegen und gemeinsamen Bewegungen ergeben. Jeder vermeintliche „Königsweg" einer neuen „Identität" führt unserer Ansicht nach zu weiterer Einengung.

5. Bedingung einer patriarchatskritischen Jungenarbeit

Es geht in diesem Buch um eine Arbeit mit Jungen, aber nicht um eine Arbeit, die Kinder zu „Jungen" im Sinne eines identitätsstiftenden Leitbildes machen soll. Genauso wenig wird demnach durch noch so gute Jungenarbeit die patriarchatskritische Mädchenarbeit überflüssig. Bei der hier beschriebenen Arbeit geht es um Jungen, die bereits durch Eltern, Vorbilder, Medien und andere Jungen und Mädchen in geschlechtsspezifischer Hinsicht orientiert sind. Darin liegt der Hauptgrund, dass wir mit Jungen und Mädchen getrennte Wege gehen und doch auf das Gleiche hinauswollen: sie zu befähigen, sich über die engen, letztlich Gewalt fördernden Grenzen der Rolle hinwegzusetzen.

Jungenarbeit sollte im folgenden Sinn „patriarchatskritisch" sein:

- Der Bezug zum gesellschaftlichen Rahmen darf für pädagogische Konzepte nicht fehlen, sonst werden die Möglichkeiten von Pädagogik unweigerlich überschätzt.
- Patriarchat wird als komplexes gesellschaftliches System mit einer riesigen Bandbreite möglicher Rollen und Äußerungsformen verstanden. Ein simples Täter-Opfer-Schema erübrigt sich von selbst. Die Realität von Jungen (wie auch von Mädchen) ist meist eine Mischung verschiedener Handlungen in einem Netz von oft gewaltförmigen Beziehungen, manchmal selbst verheddert, manchmal andere zusammenschnürend, aber immer verstrickt. Das Bekenntnis irgendeiner „Schuld" führt nicht weiter. Ein erster Schritt ist die Wahrnehmung dieses Netzes und die Erkenntnis der eigenen Verantwortung darin – sich selbst und anderen Personen gegenüber.
- Auch Jungen werden nicht als Jungen geboren, sondern dazu gemacht. Sie müssen erst von Erwachsenen permanent lernen, was zu einem „richtigen" Jungen dazugehört und dass sie sich von Mädchen unterscheiden. Von diesen starren Rollen sollen sie sich durch patriarchatskritische Arbeit weg- und weiterentwickeln können. Die Aufteilung einer Gruppe in Jungen und Mädchen läuft Gefahr, den Kindern zu vermitteln, dass ihr „Junge-Sein" doch das wichtigste Wesens- und Unterscheidungsmerkmal ist. Die Aufteilung in Jungen und Mädchen sollte deshalb nur phasenweise erfolgen und mit der Absicht, zu bestimmten Themen wie den in dieser Praxismappe erwähnten zu arbeiten. Jede dauerhafte oder anders begründete Aufteilung verfestigt dagegen die starren Geschlechterrollen
- Da das Geschlecht in jedem Lebensbereich eine Rolle spielt und eine Bedeutung erlangt, kann patriarchatskritische Jungenarbeit letztendlich jedes Thema aufgreifen: Nicht nur „Gewalt" oder „Geschlechterrolle", auch „Gesundheit", „Körper", „Leistung", „Arbeit" u.a.m. können Ausgangspunkte von Jungen- und Mädchenkursen sein.
- Die Jungen sind als „Jungen", aber auch als „Kinder" sowohl Agierende wie Reagierende in dieser Gesellschaft. In diesem Sinne ist patriarchatskritische Jungenarbeit nicht nur „anti" = gegen und nicht nur „parteiisch" = für Jungen. Sie will sich mit ihnen als konkreten Personen auseinander setzen und Grenzen sowie Chancen verschiedener Entwicklungsmöglichkeiten aufzeigen.

6. Pädagogische Zielsetzungen

Leitziele

- Im Mittelpunkt des Konzeptes steht die Zielsetzung **Auseinandersetzung mit der eigenen Geschlechterrolle.** Wesentlich ist dabei für uns die Beschäftigung mit „Grenzen" und „Grenzverletzungen". Grenzen sind hier die Einschränkungen menschlicher Verhaltensvielfalt durch Gewalt fördernde Rollenmuster. Sie sollen durch eine **Erweiterung des Erlebnis- und Verhaltensrepertoirs** der Jungen hinfällig werden.
- Andererseits gehört das Leitbild „Alle Grenzen müssen überwunden werden" traditionell zum Konzept patriarchaler männlicher Soziali-

sation: Der „echte Mann" räumt alles beiseite, was ihm bei seinem Ziel im Wege steht. Daher ist es genauso wichtig, **die Ursachen von Grenzsetzungen durch andere Personen** zu verstehen. Die Grenzsetzungen von Mädchen/ Frauen und als „unmännlich" bezeichneten Kindern/Erwachsenen sind dabei besonders wichtig.

Teilziele

- ✦ Die Wahrnehmung anderer Verhaltensmöglichkeiten
- ✦ Die selbstkritische Betrachtung der eigenen Verhaltensmöglichkeiten
- ✦ Die praktische Erfahrung und Umsetzung von Alternativen

Geduld und Zeit

Das Lernen sozialer Kompetenzen folgt keiner bestimmten „Technik", mit deren Hilfe die auftretenden Probleme spontan gemeistert werden können. Es gab in unseren Kursen Jungen, die betonten, wie toll sie es fänden zu lernen, dass man sich nicht immer so oft schlagen muss. Unmittelbar danach drehten sie sich um und setzten den kurz unterbrochenen Streit mit einem anderen Jungen unbeeindruckt fort.
Das Beispiel zeigt: Kinder können die Erwartungen von PädagogInnen erraten und sich diesen rein äußerlich anpassen. An ihrem Verhalten muss das nichts ändern, zumal wenn es um Situationen geht, in denen sie sich der direkten Erwachsenen-Kontrolle entziehen können: auf dem Pausenhof, auf dem Schulweg, in der Gruppe am Nachmittag.
Um die Gefahr scheinbarer Erfolge zu vermeiden, deren Wirksamkeit mit dem Schulklingeln endet, verfolgen wir den umfassenderen Ansatz der „Auseinandersetzung mit der eigenen Geschlechterrolle". Die Themen, Methoden, Materialien und der offizielle wie der „heimliche" Lehrplan der Kursstunden müssen sich nach diesem Ziel richten. Das patriarchale Verhaltensrepertoire von Jungen dieser Altersgruppe soll so erweitert werden, dass sie in Konflikten mit anderen nicht mehr darauf zurückgreifen wollen. Der veränderte Umgang mit Konflikten ist in diesem Sinne nur ein indirektes, dafür aber hoffentlich realistisches Ziel der Kurse. Die Jungen erfahren Alternativen, die ihnen in ihrer Realität, also auch außerhalb der Schulstunden, weiterhelfen.

Dies ist aber u.E. nur unter drei Bedingungen möglich:

1) Die Jungen müssen dieses erweiterte Verhaltensrepertoire als Alternative kennen.
2) Die Jungen müssen einen emotional positiven Zugang dazu haben.
3) Die Jungen müssen an konkreten Erwachsenen erlebt haben, dass diese Verhaltensweisen real existieren und ihnen nicht nur als Wunsch der Erwachsenen vorgehalten werden.

Diese Bedingungen stellen vielfältige Anforderungen an die durchführenden Personen, an Inhalte und Organisation der Kurse.

7. Rahmenbedingungen für Jungenarbeit

Spielerische Vermittlung

Wenn „Alternativen durch eigene Praxis kennen gelernt" werden sollen, ist die spielerische Form der Vermittlung der Kursinhalte besonders wichtig. Alternative Handlungsmöglichkeiten lassen sich nicht durch Frontalunterricht oder Hirnarbeiten beibringen, sondern müssen unserer Erfahrung nach durch Rollenspiele, durch direkte, selbst erlebte Erfahrungen in Körper- und Wahrnehmungsspielen vermittelt werden.
Hierbei dürfen keineswegs neue „Normen" aufgestellt werden, wie denn nun ein „sozial verträglicher Junge" auszusehen habe. Es kommt darauf an, die Jungen zur Entdeckung ihrer Möglichkeiten zu ermuntern, die in dieser Altersstufe noch häufig anzutreffende Vielfalt zu fördern. Ziel ist, dass sie im Laufe der weiteren Entwicklung, z.B. in der Pubertät, nicht wieder auf die traditionellen Jungenrollen verkürzt wird.

Wie viele Jungengruppen?

Eine Jungengruppe ist nie einheitlich und sollte als solche auch nicht so wahrgenommen werden. So gibt es auch bei den Jungen die Leisen und die Lauten, die Schwachen und die Starken, Jun-

gen mit unterschiedlichstem kulturellen und klassenspezifischem Hintergrund usw. ... Das heißt, die weiter unten angeführten Methoden können bei den verschiedenen Jungen unterschiedliche Auswirkungen haben und müssen teilweise differenziert eingesetzt werden. So kann es beispielsweise beim Thema „Grenzen setzen und akzeptieren" sinnvoll sein, bei der Arbeit mit den „schwachen" und leisen Jungen das Gewicht mehr auf Grenzziehungen zu setzen, den lauten und „starken" Jungen dagegen eher das Akzeptieren von Grenzen nahe zu bringen.
Das Ziel „Herausbilden der Gruppenidentität" wird von uns für die Arbeit mit Jungengruppen deshalb abgelehnt. Es ist durchaus ein Ziel des Kurses, dass die Jungen sich damit identifizieren, an einer „besonderen Jungengruppe" teilzunehmen. Dies darf aber nicht dazu führen, dass die Gruppe eine „Jungenidentität" schmiedet, in der erstens individuelle Unterschiede verloren gehen und zweitens die Bedeutung des Geschlechts zum zentralen Bezugspunkt wird. Dies halten wir für falsch, weil eine Veränderung traditioneller Geschlechterrollen ohne eine Veränderung der zweigeschlechtigen Wahrnehmungsmuster nicht zu erreichen ist.
Darum sollten Rahmenbedingungen gegeben sein, die die Trennung der Jungengruppe bei bestimmten Themen möglich machen. Zudem ist eine differenzierte Wahrnehmung der Jungen auch während der Kursstunden nötig.

Personalbedarf

Dies bedeutet, möglichst nicht allein mit einer Gruppe von mehr als sieben Jungen zu arbeiten. Generell empfiehlt sich das Arbeiten zu mehreren und mit Zeit für spezifische Entwicklungen der Gruppe. Es ist unbedingt von Vorteil, wenn die Jungenkursleiter ein Team von mindestens zwei Personen sind.

8. Soziales Lernen in der Schule

Problemfeld: Schule als regulatives System

Die Reduzierung von Leistungsstress und Gruppendruck ist eine wichtige Voraussetzung gemeinsamen sozialen Lernens. Das kann jedoch an „stark geregelten" Orten wie der Schule zu Problemen führen:

- Es ist möglich, dass die Kurse von den Jungen als zusätzliche Arbeit und als weiterer Stressfaktor empfunden werden. Sie haben oft genug Probleme mit Leistungsdruck und schlechten Noten. Dies kann sich dann verschärfen, wenn die Kurse als zusätzliche Schulstunden eingeführt werden und/oder wenn „schlechte" Schüler auch noch mit neuen Anforderungen konfrontiert werden, die sie selber nicht ohne weiteres erfüllen können, z.B. wenn ein Junge „langsamer" ist im Erlernen von kooperativen Spielen, Empathie etc.
- Es kann problematisch sein, dass die Kurse vom Klassenlehrer durchgeführt werden. Dadurch kann für die Schüler in den Kursen eine widersprüchliche Situation entstehen. Was sollen sie davon halten, wenn der Klassenlehrer ihnen in der Rolle als Kursleiter vermittelt, dass traditionelle männliche Ideale wie z. B. Leistungsdenken einem sozialen Miteinander entgegenstehen? Und wenn kurz darauf die gleiche Person durch schlechte Noten für Klassenarbeiten den Leistungsdruck herbeiführt?

Einige methodische Vorschläge, wie Sie die „Double-Bind"-Situation in den Kursen zumindest teilweise aufheben können:

- Die Kursstunden sollten nicht als zusätzlich belastende Schulstunden angeboten werden und nicht zu ungünstigen Zeiten wie in der 6. und 7. Stunde stattfinden.
- Die Kursstunden sollten nicht immer im 90-Minuten-Rhythmus ablaufen. Kürzer oder zusammengefasst zu einem gemeinsamen Spagetti-Kochen am Nachmittag kann manchmal mehr sein.
- Die Kursleiter sollten so flexibel sein, auch einmal auf spezielle

Wünsche der Jungen eingehen zu können. Das kann auch heißen, mal mit ihnen Fußball zu spielen.

- Die Kursleiter sollten nicht unbedingt auch noch die Rolle des Klassenlehrers innehaben. Vorstellbar wären hier Lehrer, die die Klasse sonst nicht unterrichten; am besten ist es sicherlich, wenn die Kursleiter aus dem außerschulischen Bereich kommen.

Es ist wichtig, dass die Jungen Spaß am Kurs haben. Wenn sie das Gefühl haben, dass sie nur ein weiteres Mal von den Erwachsenen gegängelt oder bestraft werden sollen, diesmal z.B. wegen ihrer „Jungengewalt", können sie die aufgezeigten Alternativen nicht für sich entdecken.
Die Gewichtung der Bewegungs- oder Beruhigungsspiele, der Körperarbeit, der Rollenspiele, des Malens oder der Pausen muss sich auch nach den Interessen der Jungen richten.
Die Kursleiter müssen den Jungen gegenüber selbstverständlich ebenso ihr Interesse an den Kursen deutlich machen.

Grenzen und Regeln

Selbstverständlich muss es auch um die Auseinandersetzung mit Grenzen und Regeln gehen. Schulen sind ja durchaus „geregelte" Institutionen. Leider nützt aber allein ein „Regelkatalog für besseres Verhalten an unserer Schule" recht wenig, insbesondere weil sich hinter scheinbar selbstverständlichen Regeln oft geschlechtsspezifische Wertungen verbergen.
Ein Beispiel: die „Alltagsregel" **Jungen dürfen keine Mädchen hauen.** Sie bleibt für Jungen vor allem vor der Pubertät unverständlich. Die Mädchen werden von ihnen in Hinsicht auf körperliche Kraft und Bereitschaft zum körperlichen Streiten noch nicht als prinzipiell „schutzbedürftiger" empfunden. Mädchen wissen sich noch ganz gut selber abzugrenzen und zu wehren, was von feministischer Mädchenarbeit in dieser Altersstufe aufgegriffen und unterstützt wird. (siehe auch „Klotzen, Mädchen!", Verlag an der Ruhr, Mülheim an der Ruhr 1998)
Der besondere „Schutz" der Mädchen ist für die Jungen ein Paradoxon der Erwachsenenwelt. Zusammen mit den anderen Signalen der Erwachsenen, dass sie als Jungen doch eigentlich die Überlegenen sein sollen, kann diese „Ungerechtigkeit" zu Rebellion und Aggression gegen die Mädchen führen – ein Beispiel für die Kompliziertheit der Zusammenhänge (siehe ausführlicher den Aufsatz von Monika Barz).

Regeln hinterfragen

Ein Ergänzen der vorhandenen Regeln um „Regeln gewaltfreier Konfliktlösung" ist zu kurzsichtig. In den Jungenkursen soll vielmehr auch vermittelt werden, immer wieder den Sinn vorgegebener oder scheinbar „natürlich sinnvoller" Regeln zu hinterfragen. Denn genau diese scheinbar so „natürlichen" Regeln sind es, die den Jungen die „Natürlichkeit" von Konkurrenz, Geschlechterrollen und -hierarchien etc. suggerieren.
Für den konkreten Kursablauf heißt das: Die gängigen Schulregeln sollen auf ein Minimum reduziert werden. Es darf nicht seitens der Kursleiter auf das gängige Repertoire von „Konfliktlösung" zurückgegriffen werden: Noten, Sanktionen, Strafen, Strichlisten etc.
Das Disziplin-Problem, welches in der Jungengruppe sowieso stärker auftritt, muss durch konkrete Alternativen, glaubwürdiges und offenes Umgehen des Kursleiters mit Bedürfnissen, Verletzlichkeit und Grenzen der Jungen und bei sich selbst „gelöst" oder zumindest ausgehalten werden. Ein Rückfall in klassische Sanktionen kann den Jungen zeigen, dass „bewährte" (und damit: patriarchal Gewalt unterstützende) Konfliktlösungen auf der Basis von Macht und Stärke doch die besten sind.

Vorteile eines parallel durchgeführten Mädchenkurses

Wir finden einen parallelen Mädchenkurs sehr sinnvoll. Daraus können verschiedene interessante Diskussions- und Reibungspunkte zwischen Mädchen und Jungen und innerhalb der Gruppen entstehen:

- Beide Gruppen bekommen (anders als gewöhnlich) die gleiche Aufmerksamkeit.
- Beide Gruppen sehen, dass die Auseinandersetzung mit den Geschlechtererwartungen ein generelles Problem ist. Es geht nicht um Defizite der Mädchen oder Jungen.

- In beiden Gruppen können provokative Aktionen entstehen: Eine „Ich mag an Jungen nicht"-Tapete der Mädchen (oder umgekehrt), die in beiden Gruppen und vielleicht gemischt besprochen wird, schürt zwar zunächst die Konflikte, man kann sie dann aber besser bearbeiten.
- Männer und Frauen als die jeweiligen GruppenleiterInnen können sich über Inhalte und Organisation austauschen. Die Jungen und Mädchen können so erleben, dass „Mann-" oder „Frau-Sein" nichts über den Zugang zu einer Gruppe aussagt.

Unterschiede in den Altersgruppen

Alle im Folgenden vorgestellten Methoden sind ein praktikabler Vorschlag aus unserer praktischen Arbeit, der von Ihnen immer wieder abgewandelt, verkürzt, um Spiele und Themen erweitert oder auch ganz fallen gelassen werden muss. Das jeweilige „Kursprogramm" ist natürlich in hohem Maße abhängig von der Altersstruktur der Jungengruppe. Nachfolgend einige Anregungen dazu aus unserer Arbeit.

Jungen von 8 bis 10 Jahren

In dieser Altersgruppe haben wir überwiegend spielerisch gearbeitet und die Neugier der Jungen von Stunde zu Stunde wach halten können.
Die dritte Phase des Konzeptes, die Auseinandersetzung mit Mädchenwelten (s.u.) haben wir hier relativ kurz gehalten. Jungen dieser Altersstufe sind nur bedingt fähig, sich bewusst mit der eigenen Geschlechterrolle auseinander zu setzen. Das komplexe „Täter-Opfer"-Geflecht zwischen Jungen und Mädchen ist in differenzierter Weise ebenfalls kaum zu vermitteln. Unseren Erfahrungen nach können aber Rollen und Verantwortlichkeiten in Auseinandersetzungen mit Anderen thematisiert werden. Daraus erwachsende Erkenntnisse können später zu entsprechend veränderten Verhaltensweisen beitragen.

Jungen von 11 bis 14 Jahren

Bei älteren Jungen war die Arbeit oft ein „Aushandeln": Wir legten vorher unsere Ideen, Themen und Vorschläge dar und redeten immer wieder mit ihnen über den weiteren Verlauf der AG. Herausgekommen sind dabei oft Versuche mit kleinen „Projekten", zum Teil z.B. kurze Interviews mit Videokameras, auch mal gemeinsames Kochen o.Ä. Diese Projekte sind in diesem Buch nicht enthalten, da sie sich schwer schriftlich niederlegen lassen.
Wichtig ist auch, dass bei den Älteren bereits eine deutliche Ablehnung von allem vorhanden ist, was als „kindisch" gilt: Das Stofftier in der „Blitzlicht"-Runde muss ersetzt werden, die Film- und Comic-Helden sind andere etc.
Ältere Jungen können schon viel klarer und zum Teil gut begründet formulieren, ob und inwieweit sie anderen Jungen aus der Gruppe vertrauen können oder wollen. Vertrauensübungen und vertrauensvolle Gesprächsrunden müssen also umso besser eingeleitet und vorbereitet werden.
Hier kommt es oft auf Feingefühl und teils auch Glück bei der richtigen Formulierung an, mit der eine Methode eingeleitet wird. Wichtig kann in diesem Zusammenhang auch das persönliche Vorbild des Kursleiters sein, dass z.B. eine Massagespiel eben nicht „kindisch" sein muss, sondern auch Erwachsenen Spaß macht.

9. Persönliche Voraussetzungen für Jungenarbeiter

Das Vorbild

„Das Vorbild eines konkret erfahrbaren Erwachsenen" stellt hohe Anforderungen an Sie als Kursleiter: Sie müssen sich selbst mit herkömmlichen männlichen Rollen und Verhaltensmustern auseinander setzen.
Eine der wichtigsten Aufgaben ist es, den Jungen ein umfassenderes Bild von Männlichkeit zu vermitteln. Sie nehmen dadurch automatisch die Rolle eines männlichen Vorbildes ein, an dem sich die Jungen orientieren und von dem sie direkt lernen können: dass Männer gefühlvoll, emphatisch und kooperativ, sowohl verletzlich als auch fähig zur Grenzsetzung sein können.
Die Bedeutung solcher männlichen Modelle wird um so wichtiger, wenn man in Betracht zieht, dass es im

Leben der Jungen häufig an „untypischen" männlichen Vorbildern mangelt.
Es ist notwendig, dass der Kursleiter den „anderen" Mann glaubhaft repräsentiert und zudem bei der Vermittlung von spielerischen und didaktischen Methoden glaubwürdig und authentisch sein muss. Es kommt also nicht nur auf die technisch richtige Anwendung der Methoden an. Wenn Sie z.B. bei dem Spiel „Gefühlsburg" durch non-verbale Signale zu verstehen geben, dass Sie selbst nicht gerne berührt werden, können die Jungen vor einer widersprüchlichen Situation stehen. Sie bekommen gezeigt, dass Berührungen unter Jungen etwas „Natürliches" sind, stellen aber gleichzeitig fest, wie Sie sich vor Berührungen ekeln. Wenden Sie deshalb nur Methoden an, bei denen Sie sich selbst wohl fühlen. Defizite, die wohl vor allem bei der Körperarbeit deutlich werden, sollten im Zuge von Fortbildungen auch bei der eigenen Person angegangen werden, bevor sie am Beispiel der Jungen thematisiert werden können.

Schwul sein?

Generell muss sich ein männlicher Kursleiter darüber im Klaren sein, dass er völlig unabhängig von konkreten Verhaltensweisen oder seiner tatsächlichen sexuellen Orientierung von Jungen fast jeder Altersgruppe für schwul gehalten wird. Wie intensiv Sie dies selbst ansprechen, hängt von der Situation ab: Sie können versuchen Verwirrung zu stiften, explizit eine Stunde dazu gestalten, warten, ob oder bis die Kinder Sie fragen bzw. mit scheinbar heimlich gemachten Witzen provozieren. Wichtig ist in jedem Fall, dass Sie sich mit diesem Thema und möglicherweise eigenen homophoben Gefühlen und Denkweisen beschäftigt haben. Insbesondere bei den Vorüberlegungen zur Art der Körperarbeit sollten Sie beachten: Sie dürfen keine Spiele vorschlagen, bei denen Sie sich selber unwohl fühlen.

Frauen als Kursleiterinnen?

Prinzipiell spricht nichts dagegen, dass engagierte Frauen Jungengruppen betreuen und anleiten. Die meisten der hier vorgestellten Methoden zielen auf eine Auseinandersetzung mit eigenen Rollenvorstellungen ab. Sie intendieren, dass die Widersprüchlichkeit der Jungen endlich einen Ort findet, an dem sie sich zeigen darf. Diesen Ort können Männer wie Frauen organisieren.
Deutliche Vorteile des männlichen Kursleiters liegen allerdings in seiner Körperlichkeit begründet.

- ✦ Er kann den Jungen zeigen, dass auch ein erwachsener Mann seinen Körper nicht als Leistungsmaschine im allgemeinen Konkurrenzkampf betrachtet.
- ✦ Erfahrbar gezeigte Körperlichkeit des Kursleiters, vielleicht sogar im Duo mit einem anderen Kursleiter, kann eine eventuelle Homophobie der Jungen abbauen. –
- ✦ Männer können den Jungen beim Thema Sexualität von anderen Erfahrungen berichten als Frauen.

1. Spannungsbogen eines längeren Kurses

Der folgende Vorschlag bezieht sich auf die Arbeit mit einer Jungengruppe, die mindestens einige Wochen, vielleicht bis zu einem Jahr dauert. Der innere Zusammenhang der möglichen Kursthemen lässt sich als Folge von drei Phasen mit unterschiedlichen Schwerpunkten anschaulich machen. Die drei Phasen bedeuten jedoch nicht eine konkrete Anzahl von Wochen für ein bestimmtes Thema. Die Dynamik jeder Jungengruppe ist erfahrungsgemäß derart unterschiedlich, dass oft von Woche zu Woche neu überlegt werden muss, welches Thema und welche Methodik jeweils sinnvoll ist.
Aus diesem Grunde ist es sinnvoll, Raum für prozessorientiertes Arbeiten zu lassen.

Erste Phase:

„Umgang mit sich selbst"

In dieser Phase steht die Selbstwahrnehmung der Jungen im Mittelpunkt. Die Jungen müssen sich nicht, wie wir es sonst immer wieder erleben, von den Mädchen abgrenzen oder sich ihnen gegenüber aufspielen. Themen können sein: „Wann fühle ich mich gut, wann fühle ich mich schlecht?", „Was ich an Jungen mag, was ich nicht an Jungen mag", „Was ich gerne mache, was mir aber peinlich ist" (z.B. mit Puppenspielen), „Immer stark sein – wer schafft das schon?".
Gefördert werden sollen weiterhin: Einfühlungsvermögen (Empathie), Selbstwertgefühl, soziale Kompetenz, Sensibilisierung für eigenes (Gewalt-)Verhalten, verbale und non-verbale Ausdrucksmöglichkeiten in Konflikten, Körperwahrnehmung.

Zweite Phase:

„Umgang mit anderen Jungen"

Ziel in dieser Phase ist es nicht, eine homogene Gruppe „zu schmieden", sondern die Jungen dazu zu befähigen, Gruppensituationen und die eigene Rolle darin wahrzunehmen. In Rollenspielen können die Jungen neue Blickwinkel auf die Konflikte untereinander einnehmen. Sie erfahren, wie sie sich gegebenenfalls Hilfe suchen bzw. neue, gewaltarme Lösungen finden können.
Themen dieser Phase sind: Freundschaften – Feindschaften, Schimpfwörter, Vertrauen, Lust auf und Angst vor Körperberührungen.
Im Vordergrund stehen Methoden, die das gegenseitige Misstrauen/Vertrauen der Jungen thematisieren und die Beziehungen untereinander verbessern.
In dieser Phase werden die Regelverletzungen und Gewalterfahrungen innerhalb der Gruppe thematisiert. Eine völlig einseitige Betonung der „gewaltfreien Konfliktlösungen" in der zweiten Phase halten wir nicht für sinnvoll. Es soll nicht der Eindruck eines „Anti-Gewalt-Trainings" entstehen, sondern weiterhin um die Vielfalt von Erlebnis- und Verhaltensmöglichkeiten gehen, in die je nach Klassensituation das Erlernen konkreter Strategien im Konfliktfall eingebettet ist.

Dritte Phase:

„Jungen und Mädchen"

In der letzten Phase werden zwei Themenbereiche behandelt: die Auseinandersetzung mit männlichen und weiblichen Geschlechtsrollen und das Verhalten der Jungen gegenüber Mädchen. Vorurteile gegenüber Mädchen und Abwertungen von angeblich „unmännlichen" Eigenschaften bei Mädchen, Jungen und sich selbst sollen hinterfragt werden. Genauso wichtig ist in dieser Phase, das Wissen über und die Neugier auf die Lebenswelten der Mädchen zu verstärken. Themen können sein: Welche Vorurteile haben wir? Was machen die Mädchen? Wozu haben sie Lust, was ist ihnen peinlich? Wo gibt´s Ähnlichkeiten mit Jungen?
Treffen und Interviews mit Erwachsenen, ob Lehrpersonen oder Eltern, Schwulen oder Lesben können den Jungen einen Eindruck vermitteln, dass Lebenskonzepte vielfältiger sind als die Aufteilung in Jungen- und Mädchenwelten.

2. Mögliche Struktur einer AG-Stunde

Die Spiele und Übungen sind im folgenden Kapitel thematisch gruppiert aufgeführt. Das heißt aber natürlich nicht, dass sie so als Block durchgeführt werden müssten. Außerdem sind Übungen wie „Ja und Nein zu angenehmen/unangenehmen Körperberührungen" nicht klar einzuordnen, sie bedienen verschiedene Lernziele auf einmal.
Allgemein sollte eine angemessene Mischung aus ruhigen und lebhaften, aus sehr anstrengenden (z.B. Reden über die Väter) und sehr witzigen Spielen gefunden werden.
Bestimmt Elemente wie das „Blitzlicht" zu Anfang, die Abschlussrunde, ein Lieblingsspiel oder auch eine thematisch angepasste Traum- und Fantasiereise sollten ritualisiert in jeder Kursstunde durchgeführt werden. Viele Kinder brauchen solch einen überschaubaren Rahmen, zumal die inhaltliche Arbeit sie auch verunsichern kann. Mit der Zeit gewöhnen sie sich an die Rederunden zum Anfang und zum Schluss und nutzen sie, um Stimmungen, Kritik und eigene Ideen einzubringen.

Die Struktur für eine AG-Stunde von z.B. 90 Minuten sah bei unserer Arbeit so aus:

1. Blitzlicht
Begrüßungsrunde, kurze Darstellung des momentanen Befindens, Erzählen irgendeines für wichtig empfundenen Ereignisses, dann den anderen zuhören.
Durchführung:
Z.B. wird ein Stofftier bzw. für ältere ein anderer symbolischer Gegenstand (Namen geben lassen!) dazu in die Hand genommen, nur der Betreffende darf erzählen. Die Methode ist wichtig, weil sich gerade schüchterne Jungen mit der Figur identifizieren können.

2. Aufwärmspiele alternativ: Fantasiereise
Hier kamen die verschiedensten Aufwärmspiele zur Anwendung (ruhig den ganzen Raum nutzen)
Durchführung:
Klangschale, Kinder/Jugendliche schließen die Augen, Atemübungen und „innere" Reise

3. Einführung des Themas
- Zum Teil in Anknüpfung an das Thema der Woche zuvor wird das Thema der aktuellen Stunde eingeführt,
- oder auch kein „Thema", sondern einfach spielerische Körpererfahrung ohne Leistung.

Durchführung:
Diese Einführung geschah auf verschiedenste Weise: Gesprächsrunden, Bilder einzeln oder in Gruppen malen lassen, Wandzeitungen erstellen, Rollenspiel der Kursleiter usw.
körperorientiertes Arbeiten, nonverbale (Selbst-)Wahrnehmung

4. kurzer Einschub
Um die Konzentration der Kinder nicht zu überfordern.
Durchführung:
Je nach Situation richtige Pause, auch kurze Spiele oder auch an dieser Stelle „Fantasiereisen" zur Beruhigung/Anregung

5. Aufarbeitung des Themas mit Spiel- und/ oder Theaterelementen
Durchführung:
Rollenspiele, Statuentheater, Stegreiftheater zu bestimmten Alltagserfahrungen der Kinder, die ihnen zum Thema einfielen, aber auch praktische „Basteleien" mit interessanten Materialien (Ton, Schminkfarben etc.)

6. Abschlussspiel
Muss nicht „inhaltlich" begründet sein, soll auch einfach Spaß machen.
Durchführung:
Je nach Situation oder Anstrengung durch das Thema vorher entspannende oder sehr lebendige Spiele.

7. Abschlussgespräch
Versuch, die Stunde zusammen zu reflektieren.
Durchführung:
Wie zu Anfang beim Blitzlicht kann jeder Junge mit Hilfe des Stofftieres seine Eindrücke dazu äußern, was er diesmal (un)interessant fand oder was ihn gestört hat.

3. Vorschlag für eine Themenfolge über 22 Kurstreffen

Die folgende Liste ist als Orientierung vor allem für die Arbeit mit jüngeren Jungen geeignet (8–11 Jahre). Sie soll Ihnen als Anregung dienen, welche Themen sich konkret für welche Phase einer Jungen-AG eignen.
Für ältere Jungen eignet sich z.B. der hier unter „9. Woche" aufgeführte „Vorurteilswettbewerb" als Einstieg, weil darüber vielen Jungen klar wird, dass es interessant ist, sich mit Mädchen- und Jungenwelten zu beschäftigen.

Die Methoden der jeweiligen Oberthemen sind auf den folgenden Seiten thematisch gruppiert beschrieben.

Stunde	Thema	mögliches Material
1. Stunde:	**„Superhelden"** *(Was ist wann schön am Stark-/Schlausein?)*	Comics
2. Stunde:	**„Traurige Helden"** *(Nicht stark zu sein ist ganz normal, auch bei „Helden")*	Comics
3. Stunde:	**Platz für Gefühle!** *(Es gibt viele Gefühle, alle sind schön und wichtig, man kann und soll sie ruhig zeigen)*	Fotos
4. Stunde:	**Ich mag an Jungen/Ich mag an Jungen nicht**	Wandzeitung
5. Stunde:	**Streiten** *(warum streiten sich Kinder/Erwachsene/Jungen/Mädchen und welche Möglichkeiten gibt es, einen Streit zu beenden?)*	Erfahrungen erzählen/vorspielen
6. Stunde:	**a) Schimpfwörter** *(welche gibt es, welche Gruppen gibt es?)* **b) Kooperation** *(zusammen basteln, bewegen, malen, warum ist das oft schwierig?)*	Wandzeitung
7. Stunde:	**Jungen-Jungen-Streitereien** *(Rollenspiele)* alternativ evtl. vom Fantasieraum zur Fantasiegeschichte	Bastelmaterial
8. Stunde:	**Kooperationsspiele** *(Pausenhof)*	Kreide/Steine
9. Stunde:	**Was können Mädchen/Jungen nicht ?** *(Abrufen der Vorurteile, danach Widerlegung derselben)*	
10. Stunde:	**a) Elternrollen**, Wünsche an Väter/Mütter **b)** z.T., 5./6. Klasse: **Sexualität**	a) Bilder von verschiedensten Männern/Frauen b) Sexualitätsspiel
11. Stunde:	**gemeinsame Stunde der Jungen und Mädchen** *(Themen/Spiele)*	evtl. Fragebogen der jeweiligen Gruppen an die andere

Stunde	Thema	mögliches Material
12. Stunde:	**Jemand anderes sein** *(Schminken)*	Schminke, Fotos
13. Stunde:	**Ja- und Nein-Sagen**	Körperumriss
14. Stunde:	**Ja- und Nein-Sagen zu angenehmen und unangenehmen Berührungen**, Parkbankspiel	Video
15. Stunde:	**Angst und Horror**, insbesondere bei Filmen	Anti-Grusel-Koffer, Horror-Fragebogen
16. Stunde:	**Mädchenwelten** *(Spielzeug)*	Rollenspiel zu Spielzeugwerbung: Video
17. Stunde:	**Werbung** *(Männer- und Frauenrollen)*	Collagen
18. Stunde:	**kooperative Pausenspiele**	Collage „Unsere verrückte Straße"
19. Stunde:	**Wohnformen und Geschlechterrollen**	
20. Stunde:	**Mädchenwelten** *(Entwurf eines Fragebogens an die Mädchen)*	Musik, Bilder
21. Stunde:	**Gemischte Stunde** mit der Mädchengruppe: Themen/Lieblingsspiele	
22. Stunde:	**Abschluss**	

4. Die Arbeit mit dem Praxisteil

Die Übungen sind im Folgenden zu neun thematischen Blöcken zusammengefasst:

1. ***Platz für Gefühle***
2. ***Leitbilder und Leidbilder***
3. ***Körperspaß statt bloßer Fitness***
4. ***Die Sache mit dem Streiten***
5. ***Ja- und Nein-Sagen***
6. ***Spaß und Vertrauen mit anderen***
7. ***Geschlechter?***
8. ***Mädchenwelten***
9. ***Sexualität***

Die Spielbeschreibungen sind so abgefasst, dass sie auch kopiert und an die Jungen ausgeteilt werden können. Am Ende des Kurses hat jeder dann sein kleines „Jungenkursheft".

Der Zeitbedarf pro Übung kann je nach Gruppengröße, Intensität, Alter der Jungen usw. natürlich variieren.

Alle Blöcke haben ein Deckblatt, das als eine Art Poster entworfen ist. Es kann über die Kursstunde hinaus im Gruppenraum hängen bleiben und als Gesprächsanlass dienen.

immer cool sein,
immer stark sein,
sich keine Schwäche leisten
... sonst wirst du fertig gemacht ...
So ein Quatsch!?

Platz für Gefühle

Platz für alle Gefühle!

Auch für Jungs!

Zum Thema: „Gefühle"

Auf den folgenden Seiten werden verschiedene Übungen vorgestellt, mit denen Sie in einer Jungengruppe zum Thema „Platz für alle Gefühle – auch für Jungen!" arbeiten können. Wir halten es dabei für wichtig, wirklich alle Gefühle von Lust bis Angst, von Trauer bis zu maßloser Wut anzusprechen. Ebenso wichtig ist den Jungen verschiedene Möglichkeiten zu zeigen, ihren Gefühlen Ausdruck zu verleihen: Körperberührungen, darüber reden können, malen, damit spielen usw.
Dabei ist Folgendes entscheidend: Jungen lernen schon sehr früh, dass sie nur ganz wenige Gefühle zeigen dürfen, wenn sie „richtige Jungen" werden wollen. Deshalb macht es nicht nur Spaß, sondern kann einen wichtigen Schritt weg von dem „Schmalspur-Dasein" vieler Jungen bedeuten, ihnen zu zeigen:

- ✦ Es gibt ganz viele Gefühle.
- ✦ Alle sind erlaubt!
- ✦ Jungen dürfen genau die gleichen Gefühle haben wie Mädchen.
- ✦ Auch Erwachsene (und auch erwachsene Männer!) haben viele Gefühle.
- ✦ Gefühle zeigen macht Spaß!

Achtung!
Wenn Sie als Erwachsene/r merken, dass die Jungen bestimmte Übungen nicht mögen, dann machen Sie sie nicht! Gefühle dürfen nicht mit „Pflicht" verbunden oder gar benotet werden.

Und wie ist das bei mir?
Für Erwachsene, die die Übungen mit den Jungen machen wollen, ist es wichtig, auch ihre eigenen Gefühle wahrnehmen zu können.

Was tun, wenn man Angst hat?

Bei der Beschäftigung mit dem Gefühl der Angst steht für Jungen (und Männer) zunächst eins im Weg: die Angst, Angst zuzugeben, Gefahr zu laufen, als „Angsthase" oder „Feigling" dazustehen. Jungen haben Angst in den verschiedensten Situationen: in Klassenarbeiten, beim Filmeschauen, bei Mutproben in der Jungenclique, im Kontakt mit Mädchen ...
Zugleich übt die Angst eine gewisse Faszination aus. Sie ist ein starkes Gefühl, das z.B. in Horrorgeschichten gesucht wird. Allerdings wird von Jungen mit zunehmendem Alter erwartet, souverän mit Angstmomenten umzugehen, nicht „den Schwanz einzuziehen". Wer sich diesen Erwartungen anpasst, verliert die Fähigkeit, sich und seine Grenzen in bestimmten Situationen wahrzunehmen. Die Möglichkeit, einen eigenen Umgang zu finden, ist verbaut. Es bleibt pauschales Reagieren: zur Schau gestellte Überlegenheit und Maulheldentum.

Ziel der folgenden Übungen ist es:

- ✦ sich über Situationen von Angst auszutauschen
- ✦ sich darüber klar zu werden, dass Angst sowohl mit Lust als auch mit Verzweiflung zusammenhängen kann
- ✦ Angst vor anderen zeigen und äußern zu können
- ✦ sich über mögliche Umgangsweisen auszutauschen
- ✦ einen eigenen Umgang, bei Bedarf eine Gegenstrategie zur Angst zu finden

Blitzlicht: Wie fühle ich mich?

Das braucht man

Stofftier, Redezeichen

Zeitbedarf

15 Minuten

So geht es

Das „Blitzlicht" kann zu Beginn jedes Treffens der Jungengruppe durchgeführt werden (siehe wiederkehrende Übungen). Wenn man zum Thema „Platz für Gefühle" arbeiten, kann es folgenden Schwerpunkt bekommen:

Alle sitzen im Kreis und jeder erzählt kurz, wie er sich fühlt oder ob er am Tag vorher ein besonderes Gefühl erlebt hat. Die Gruppe muss sich mit der Zeit selber darauf einigen, wie viel Zeit sie dafür aufbringen will. Wer nichts sagen will, muss dies auch nicht tun und gibt einfach weiter.

Als Zeichen dafür, wer gerade dran ist, kann ein Stofftier oder ein anderer Gegenstand (bei Älteren z.B. ein Mikrofon) herumgereicht werden.

Zauberburg

Zeitbedarf

15 Minuten

So geht es

Je nach Gruppengröße gehen 2–4 Jungen aus dem Raum. Die anderen (6–10) sitzen im Kreis, haken die Arme unter und bilden eine Burg mit dicken und festen Mauern.

Keiner kann da rein!
Außer, er findet die Zauberberührung, die das Geheimnis der Burg ist.

Während die anderen draußen sind, vereinbaren die Übrigen eine sanfte Berührung als Zauberschlüssel zur Burg:
Ein Kitzeln am Ohr, eine sanfte Reibung an der rechten Schläfe usw.

Dann rufen sie die anderen wieder herein und diese fangen an, alle sanften Berührungen auszuprobieren.

Wer die Zauberberührung findet, darf schnell in die Burg. Die anderen müssen es weiter versuchen, bis alle drin sind.

Platz für Gefühle!

Das braucht man

Gefühlsbilder

Zeitbedarf

30 Minuten

So geht es

Alle Jungen erhalten das Blatt „Gefühlsbilder" (Seiten 26,27), das verschiedene Gefühle zeigt. In der Mitte liegt eine Wandzeitung mit den gleichen Bildern darauf. Die Jungen versuchen die Gefühle zu benennen und aufzuschreiben. Die Bilder drücken sicher für einige Jungen verschiedene Gefühle aus, je nachdem, was jeder gerade am wichtigsten findet – mehrere Antworten sind also möglich.

Jeder kann sich dann ein oder zwei Bilder aussuchen und malt dazu eine (selbst erlebte) Geschichte, in der diese Gefühle eine Rolle spielen. Anschließend erläutert jeder sein Bild.

Die Frage an die Gruppe lautet dann jeweils: „Wer hat solch eine Geschichte mit solch einem Gefühl auch schon erlebt?"

Gefühlsdomino

Das braucht man

doppelt geklebte Gefühlsbilder

Zeitbedarf

15 Minuten

Vorbereitung

Immer zwei der Gefühlsbilder (Seiten 26, 27) zu „Domino-Steinen" zusammenkleben.

So geht es

Jeder Junge erhält z.B. 10 „Gefühls-Spielsteine". Wie bei Domino können sie jetzt aneinander gelegt werden. Jeder, der einen Spielstein anlegen will, muss eine Begründung nennen, warum sein Gefühl zum vorherigen „passt" und wie diese beiden Gefühle zusammenhängen können – fast alle werden „passen".

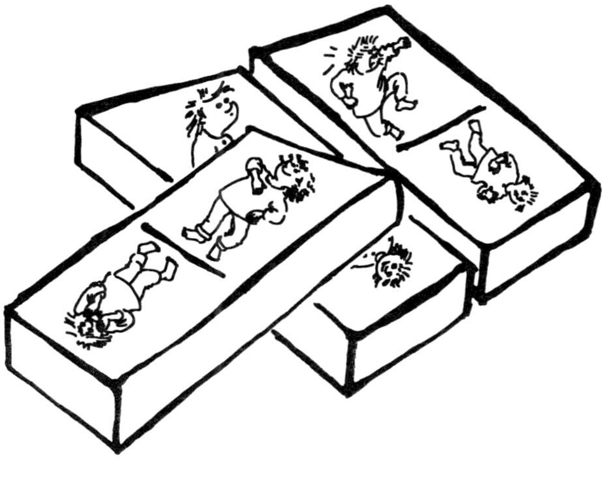

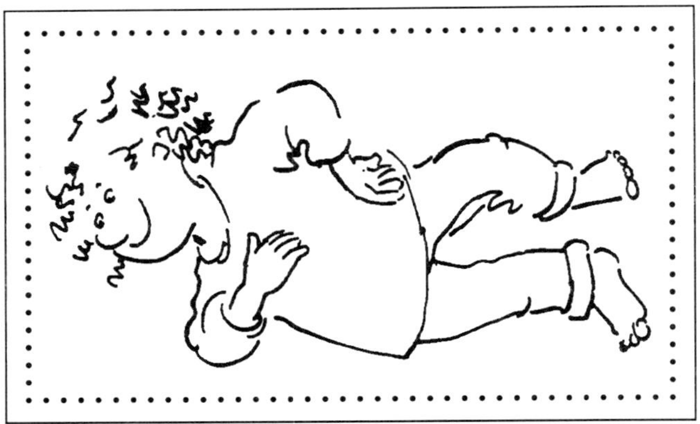

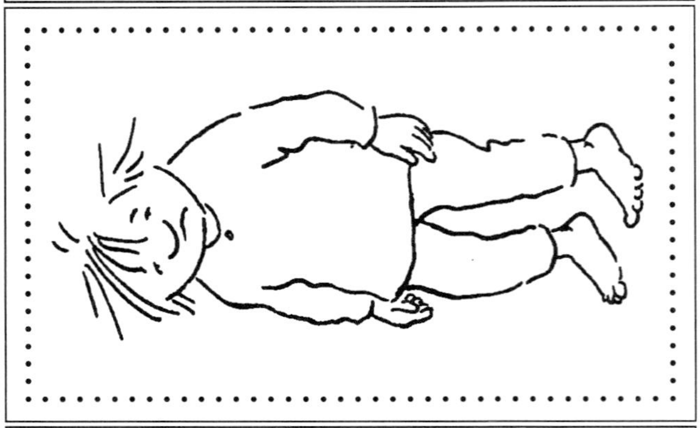

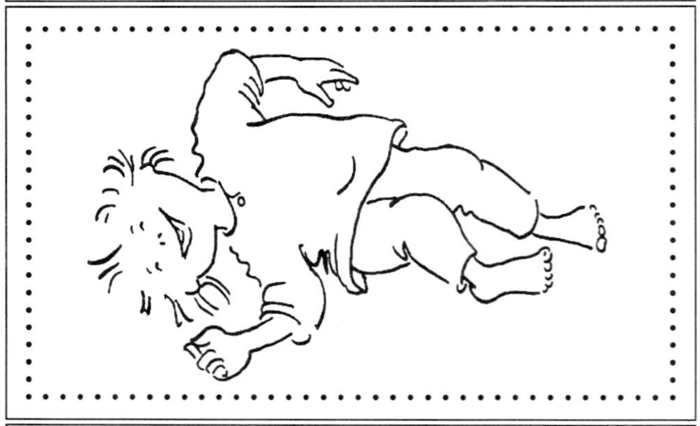
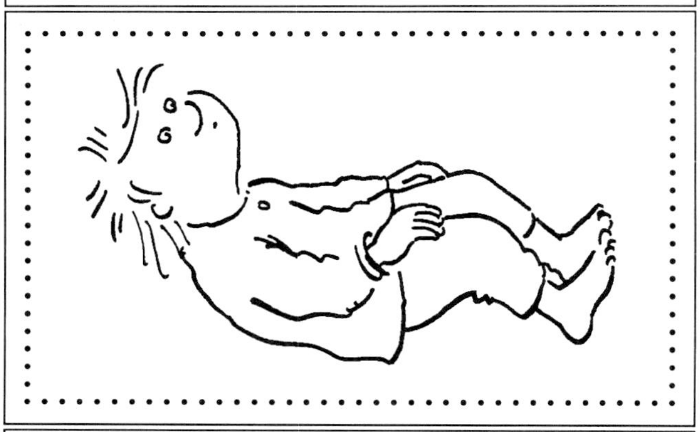
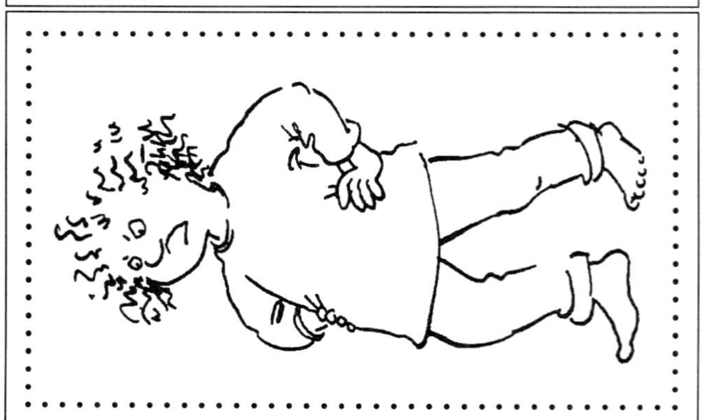

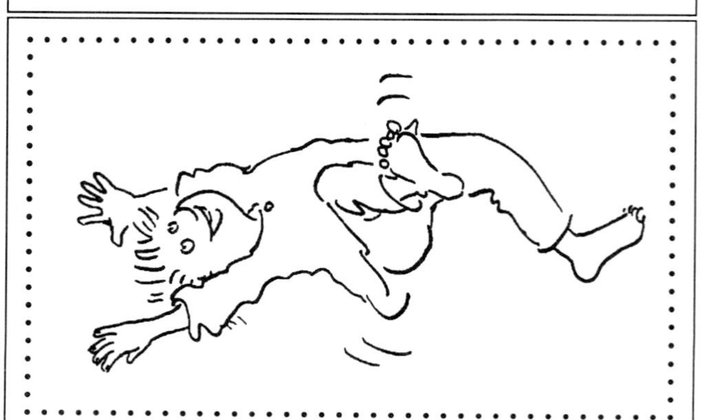

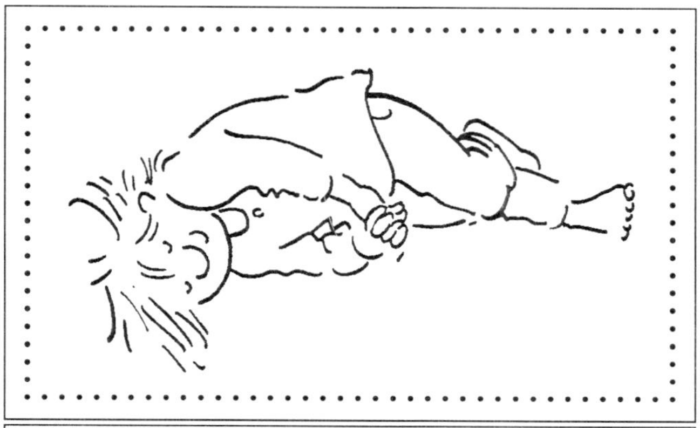

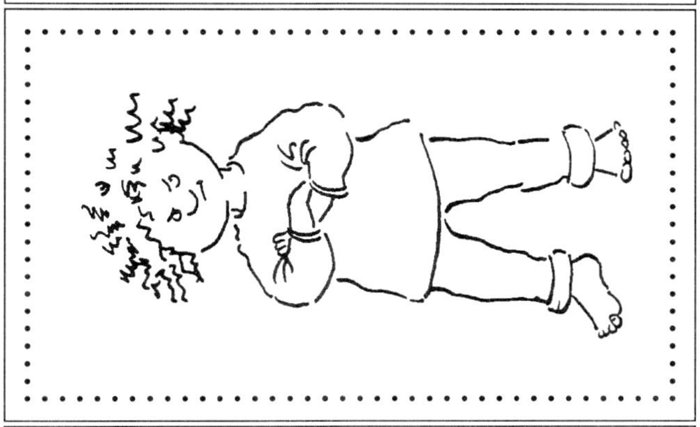
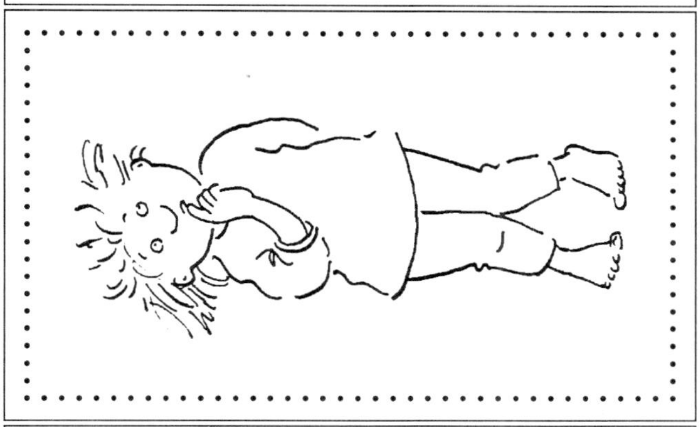

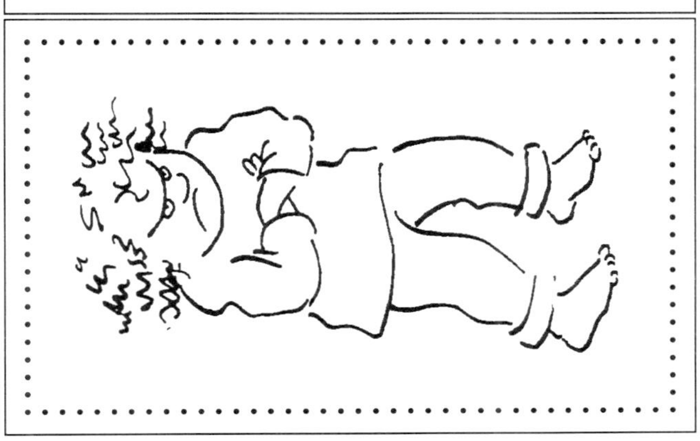

Gefühle raten

Das braucht man

Fotokamera

Zeitbedarf

30 Minuten

So geht es

Jeweils drei Jungen überlegen sich gemeinsam ein Gefühl. Die Gefühlsbilder (Seiten 26/27) können dabei als Anregung dienen. Sie haben nun die Aufgabe, ihr Gefühl zu dritt ohne Worte durch eine Körperhaltung oder ein Gruppenbild darzustellen. Die anderen Gruppen sollen dieses Gefühl raten.
Diese Darstellungen können fotografiert werden und auf eine Wandzeitung im Gruppenraum aufgehängt werden.

Variante: Gefühlsskulptur

Jeweils ein Junge stellt ein Gefühl dar. Die anderen müssen es ohne Worte so lange nachahmen, bis das „Vorbild" mit der Darstellung seines Gefühls durch die anderen zufrieden ist. Dann darf er als „Künstler" ein Foto von „seiner Skulptur" machen.

PLATZ FÜR GEFÜHLE

Verliebte Jungs-Galerie

Das braucht man

Papierrolle, Farben

Zeitbedarf

45 Minuten

So geht es

Immer zwei Jungen arbeiten zusammen. Von einer großen Papierrolle (mindestens 1 Meter breit) werden etwa 2 Meter lange Stücke abgeschnitten. Nun legt sich ein Junge auf das Papier, der andere überträgt mit einem Stift seinen Körperumriss auf das Blatt. Nach dem Wechsel geht es zum Ausmalen. Beim Ausmalen werden bestimmte Gefühle dargestellt, z.B. :
Wie fühlt sich welches Körperteil an, ... wenn ich verliebt bin? /... wenn ich mir etwas ganz stark wünsche? / ... wenn ich mich sehr freue?
Mit welcher Farbe will ich welches Gefühl darstellen?
Anschließend spricht man gemeinsam darüber, ob es leicht oder schwer fällt, seinen Gefühlen mit Farbe Ausdruck zu verleihen. Unterscheidet sich dies je nach der Art des Gefühls? Ist es leichter, Gefühle wie Wut und Ärger zu malen?

So geht es weiter:

Alle Bilder werden wie in einer Galerie an die Wand gehängt. Die Jungengruppe geht von Bild zu Bild. Zunächst soll das „Publikum" sagen, welche Gefühle es auf dem jeweiligen Bild sieht oder vermutet. Anschließend darf der „Künstler" eine Stellungnahme abgeben, er muss aber nicht.

Gefühls-Flaschendrehen

Das braucht man

Flasche

Zeitbedarf

15 Minuten

So geht es

Alle sitzen im Kreis um eine „Gefühlsflasche", also eine leere Flasche herum. Ein Mitspieler macht einen Fantasielaut, z.B. „Oiiihuu!", „Bagrrää?" o.Ä., der ein Gefühl ausdrücken soll. Er dreht dann die Flasche und der, auf den die Öffnung zeigt, muss den Laut nachmachen.

Anschließend ist dann dieser Mitspieler an der Reihe, ein Gefühls-Geräusch zu machen und die Flasche zu drehen.

Variante: Großes Gefühls-Flaschendrehen

Jedes Gefühl muss zweimal gezeigt werden, und zwar einmal als „kleines" und dann als „großes" Gefühl – also z.B. einmal geflüstert und mit kleinen Gesten, dann laut und wild gestikulierend.

PLATZ FÜR GEFÜHLE

Was mach ich nur mit meiner Wut?

Das braucht man

Ton

Zeitbedarf

45 Minuten

Vorbemerkung

Über eigene Wut-Gefühle zu reden ist sehr schwer. Hier kann man aber mit einer ungewöhnlichen „Sprache" anfangen. Es ist oft eine erleichternde Erkenntnis, dass es ganz normal ist, auch mal wütend zu sein. Vielleicht ergibt sich nach der Übung ein Gespräch darüber, wie wenig Sinn es macht, bestimmte Gefühle nicht wahrhaben zu wollen. Es kommt nur darauf an, einen Umgang mit ihnen zu finden, ohne andere zu verletzen.

So geht es

Jeder Junge erhält einen faustgroßen Klumpen Ton. Alle sollen einen Gegenstand formen, der eine bestimmte Situation symbolisiert, in der sie wütend waren. Das können auch konkrete Gegenstände sein wie z.B. Handschellen, die an eine Bestrafung erinnern, oder eine abgeknickte kleine Blume als Zeichen für eine Enttäuschung.

Wenn alle etwas geformt haben, stellt sich die Gruppe im Kreis auf. Nacheinander zeigt jeder den Anderen kurz, was er gemacht hat, holt dann weit aus und wirft den Tonklumpen in der Mitte des Kreises auf den Boden. Wer mag, kann dies auch mit einem lauten Wutschrei tun.

Vielleicht wollen anschließend einzelne Jungen von ihrer damaligen Wut-Situation erzählen. Es kann aber einfacher sein, zunächst über das Gefühl der Erleichterung zu reden, das sich vielleicht eingestellt hat, als sie ihre „Wut" symbolisch auf den Boden geworfen haben.

Wer hat Angst vor Horror?

Das braucht man

Fragebogen (Seite 31)

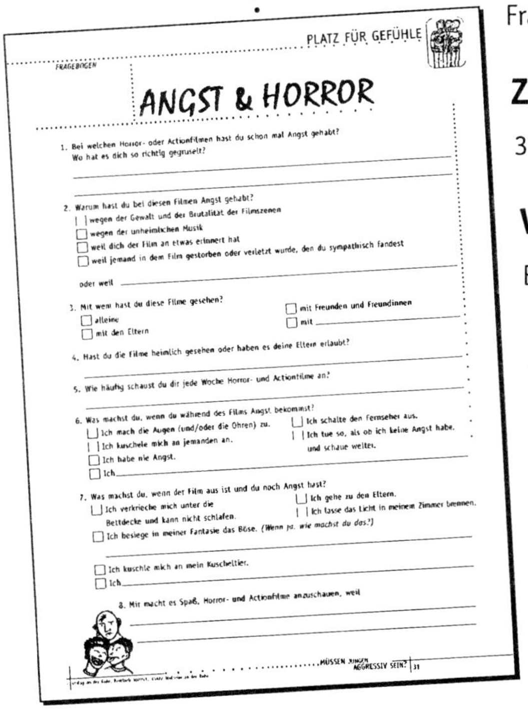

PLATZ FÜR GEFÜHLE

FRAGEBOGEN

ANGST & HORROR

1. Bei welchen Horror- oder Actionfilmen hast du schon mal Angst gehabt? Wo hat es dich so richtig gegruselt?

2. Warum hast du bei diesen Filmen Angst gehabt?
- ☐ wegen der Gewalt und der Brutalität der Filmszenen
- ☐ wegen der unheimlichen Musik
- ☐ weil dich der Film an etwas erinnert hat
- ☐ weil jemand in dem Film gestorben oder verletzt wurde, den du sympathisch fandest

oder weil

3. Mit wem hast du diese Filme gesehen?
- ☐ alleine
- ☐ mit den Eltern
- ☐ mit Freunden und Freundinnen
- ☐ mit

4. Hast du die Filme heimlich gesehen oder haben es deine Eltern erlaubt?

5. Wie häufig schaust du dir jede Woche Horror- und Actionfilme an?

6. Was machst du, wenn du während des Films Angst bekommst?
- ☐ Ich mach die Augen (und/oder die Ohren) zu.
- ☐ Ich kuschele mich an jemanden an.
- ☐ Ich habe nie Angst.
- ☐ Ich
- ☐ Ich schalte den Fernseher aus.
- ☐ Ich tue so, als ob ich keine Angst habe, und schaue weiter.

7. Was machst du, wenn der Film aus ist und du noch Angst hast?
- ☐ Ich verkrieche mich unter die Bettdecke und kann nicht schlafen.
- ☐ Ich gehe zu den Eltern.
- ☐ Ich lasse das Licht in meinem Zimmer brennen.
- ☐ Ich besiege in meiner Fantasie das Böse. *(Wenn ja, wie machst du das?)*
- ☐ Ich kuschle mich an mein Kuscheltier.
- ☐ Ich

8. Mir macht es Spaß, Horror- und Actionfilme anzuschauen, weil

MÜSSEN JUNGEN AGGRESSIV SEIN? 31

Zeitbedarf

30 Minuten

Vorbereitung

Eine Kopie des folgenden Fragebogens für jeden Jungen.

Auswertung

Das Ergebnis wird per Strichliste zusammen ausgewertet.

Anti-Grusel-Notfall-Koffer

Das braucht man

Schnittmuster zum „Anti-Grusel-Koffer“ (Seite 32); Scheren/Kleber/Tacker; Folie zum Abdecken der Tische; Ton/Knetmasse; Federn, Kugeln etc. zum Schmücken

Zeitbedarf

45 Minuten

Vorbereitung

Kopieren Sie die Vorlage auf DIN-A3-Karton, decken Sie die Tische mit Folie ab.

Vorbemerkung

Diese Übung passt gut im Anschluss an den Fragebogen „Angst & Horror“. Sie kann bewirken, dass die Jungen hinterher „stolz“ auf ihren Koffer samt „Talisman“ sind. Vielleicht erzählen sie anderen von ihren Ängsten oder Grusel-Gefühlen.

So geht es

Jeder Junge bastelt zuerst seinen „Anti-Grusel-Notfall-Koffer“.
Anschließend wird aus Ton/Knetmasse o.Ä. das „Hilfsmittel“ bzw. der Talisman gegen die Angstgefühle geformt. Das Ergebnis wird im Koffer verstaut. Wer mag, kann hinterher allen seinen Koffer mit dem Talisman zeigen und (auch den Mädchen) von seiner Angst erzählen.

Das kann ein fröhliches Gruseln werden!

FRAGEBOGEN

ANGST & HORROR

1. Bei welchen Horror- oder Actionfilmen hast du schon mal Angst gehabt?
   Wo hat es dich so richtig gegruselt?

   ____

   ____

2. Warum hast du bei diesen Filmen Angst gehabt?
   - ☐ wegen der Gewalt und der Brutalität der Filmszenen
   - ☐ wegen der unheimlichen Musik
   - ☐ weil dich der Film an etwas erinnert hat
   - ☐ weil jemand in dem Film gestorben oder verletzt wurde, den du sympathisch fandest

   oder weil ______________________________

3. Mit wem hast du diese Filme gesehen?
   - ☐ alleine
   - ☐ mit den Eltern
   - ☐ mit Freunden und Freundinnen
   - ☐ mit ______________________________

4. Hast du die Filme heimlich gesehen oder haben es deine Eltern erlaubt?

   ____

5. Wie häufig schaust du dir jede Woche Horror- und Actionfilme an?

   ____

6. Was machst du, wenn du während des Films Angst bekommst?
   - ☐ Ich mach die Augen (und/oder die Ohren) zu.
   - ☐ Ich kuschele mich an jemanden an.
   - ☐ Ich habe nie Angst.
   - ☐ Ich schalte den Fernseher aus.
   - ☐ Ich tue so, als ob ich keine Angst habe, und schaue weiter.
   - ☐ Ich______________________________

7. Was machst du, wenn der Film aus ist und du noch Angst hast?
   - ☐ Ich verkrieche mich unter die Bettdecke und kann nicht schlafen.
   - ☐ Ich gehe zu den Eltern.
   - ☐ Ich lasse das Licht in meinem Zimmer brennen.
   - ☐ Ich besiege in meiner Fantasie das Böse. *(Wenn ja, wie machst du das?)*

     ____

   - ☐ Ich kuschle mich an mein Kuscheltier.
   - ☐ Ich______________________________

8. Mir macht es Spaß, Horror- und Actionfilme anzuschauen, weil

   ____

   ____

GRUSEL
NOTFALLKOFFER

Leitbilder = Leidbilder?

Helfen Vorbilder immer weiter?

Oder sind sie manchmal schon längst abgestürzt?

Zum Thema: „Leitbilder = Leidbilder?“

In einer Gesellschaft, in der der Zwang zur eindeutigen Darstellung seines Geschlechts an jeder Ecke lauert, sind Jungen intensiv damit beschäftigt, „echte Männer“ zu werden. Bloß, das Angebot dessen, was die „echten Männer“ ausmachen soll, ist nicht allzu groß: Filmhelden, Comic-Helden, die älteren Brüder, die eigenen Väter ... Da zeigt sich oft nicht viel mehr als das Klischee von Unfehlbarkeit, Härte, Einsamkeit und unterdrückter Angst. Zumindest öffentlich wird wenig anderes zur Schau gestellt

In den folgenden Übungen und Methoden geht es nicht darum, das Bedürfnis nach Stärke abzuwerten. Aber Stärke ist nicht alles. Es gibt tausend andere Bedürfnisse. Es geht darum, sie in Kontakt mit den anderen Jungen und anderen Männern (ob alt, ob jung, ob schwul, ob Stein oder Pudding) zu entdecken. Und für sich herauszufinden, in welcher Situation man stark oder schwach sein darf.

LEITBILDER?

Meine Vorbilder

Das braucht man

Kopien des Arbeitsplakats (Seite 35), Poster von „Idolen“

Zeitbedarf

15 Minuten

So geht es

Ein guter Einstieg in das Thema der Leit- und Leidbilder ist es, erst einmal herauszufinden, welche aktuellen Vorbilder, Sportler, Comic- und Filmhelden für die Jungen von Bedeutung sind.

Jeder Junge erhält dazu eine Kopie des „Leitbilder = Leidbilder“-Plakats. Aufgabe ist es, die eigenen Vorbilder auf das Poster zu kleben, zu malen, zu schreiben.

Dabei kann jeder Junge entscheiden, ob er seine Vorbilder auf der Spitze des Berges sieht oder ob sie zu den abgestürzten gehören.

Super-Wunschheld

Das braucht man:

aktuelle Bilder von „Comic-Helden"

Zeitbedarf

45 Minuten

So geht es

Alle sitzen um einen Tisch, auf dem die eigenen oder von den Jungen mitgebrachten Bilder von Comic-Helden ausgebreitet sind. Das können witzige, fantastische, starke oder zauberhafte Figuren aus verschiedenen Ländern sein, die aber den meisten Jungen bekannt sein sollten.
Gemeinsam werden folgende Fragen geklärt:

- ✦ Wie heißt die Figur?
- ✦ Was ist die Haupteigenschaft oder Stärke?
- ✦ Was gibt es sonst noch wichtiges über die Figur zu erzählen? Ist es ein Einzelkämpfer, eine Gruppenfigur etc.?

Jeder Junge überlegt für sich, welche Figur ihm am besten gefällt. Er stellt heraus, warum er gerade die Stärke dieser Figur wichtig für sich findet. Kennt er eine Situation, in der er gerne diese Stärke gehabt hätte? Jeder sollte erzählen, wann er sich einmal hilflos, schwach oder ohnmächtig gefühlt hat.

So geht es weiter

Diskussion darüber, ob und wann einzelnen „Helden" ihre Stärke einmal nicht weiterhilft. Weiter geht es mit der Übung „Traurige Helden".

„Traurige Helden": Muss man eigentlich immer stark sein?

Das braucht man

Kopien der Vorlage „Traurige Helden" (Seite 37)

Zeitbedarf

45 Minuten

So geht es

Alle sitzen an einem Tisch. Das Bild der „Traurigen Helden" wird verteilt. Was ist passiert? Aus welchen Gründen zeigen die Helden andere Gefühle als sonst? Jeder kann eine Fantasiegeschichte erzählen, die Stichpunkte können auf einer Wandzeitung gesammelt werden.

So geht es weiter

- ✦ Jeder malt für sich ein Bild zu den Stichpunkten auf der Wandzeitung oder zur Frage „Wann war ich mal traurig?"
- ✦ Die Geschichten der „Traurigen Helden" werden zu zweit/zu dritt als Rollenspiel dargestellt.
- ✦ Die Gruppe macht eine Fantasiereise zum Thema „traurig sein" oder zum Thema „mein starker und mein schwacher Körper".

„TRAURIGE HELDEN"

Wünsche an einen Vater*

** oder an einen vergleichbaren Erwachsenen, Onkel, Vertrauten*

Das braucht man

Fotos von Männern aus Illustrierten

Zeitbedarf

45 Minuten

Vorbemerkung

Diese Übung sollte nur mit einer Jungengruppe ausprobiert werden, in der schon ein gewisses Vertrauensverhältnis herrscht. Nach unseren Erfahrungen kann es zu heftigen Reaktionen kommen.

So geht es

Reihum erzählen die Jungen in einer vertrauten Runde, mit welchen Bezugspersonen sie zusammenleben und was diese beruflich machen. Vielleicht ist es für einige überraschend, dass auch andere mit der allein erziehenden Mutter leben, geschiedene Eltern haben, einen arbeitslosen Vater etc.
In Anschluss daran werden aus Illustrierten geschnittene Fotos von Männern (möglichst keine bekannten Persönlichkeiten) auf den Tisch gelegt. Mit der Frage „Wen wünsche ich mir als Vater?" kann sich jeder Junge ein Foto aussuchen. Wer will oder keinen findet, kann auch ohne Foto von seinem „idealen" Vater erzählen.
Anschließend wird ein Wunschzettel erstellt, je nach Situation individuell oder gemeinsam: „Was wünsche ich mir von meinem Vater?"

Die Wunschzettel werden in einem Abschlussgespräch diskutiert:

- Welcher Vater kann das alles schaffen?
- Könnt ihr als Jungen dabei helfen?
- Was ist euch wirklich wichtig? Habt ihr schon mal mit eurem Vater darüber geredet?

Männer, die unbekannten Wesen?

Das braucht man

Videokamera oder Cassettenrekorder

Zeitbedarf

45 Minuten

So geht es

Es gibt viele Gründe, seinem Vater bestimmte Fragen über Männer nicht zu stellen. Man traut sich nicht, er hat ja doch keine Zeit, er kann ja auch nicht alles wissen, manches wäre ihm sicher peinlich ...
Warum soll man diese Fragen nicht mal anderen Männern stellen, es gibt doch so viele!
Die Jungen können in kleinen Gruppen losziehen und in der Schule, auf dem Marktplatz, in der Fußgängerzone Interviews machen.

Mögliche Fragen

- Sind Sie gerne ein Mann? Und warum?
- Wollten Sie schon einmal eine Frau sein?
- Finden Sie, dass Männer nicht weinen sollen?
- Wie wohnen Sie?
- Waschen Sie zu Hause ab?
- Was halten Sie davon, wenn zwei Männer zusammenleben?
- Haben Sie Kinder?
- Ärgern Sie sich oft über ihre Kinder?
- Verbringen Sie viel Zeit mit Ihren Kindern?
- Wären Sie gerne Supermann? ...

Körper-Spaß statt bloßer Körper-Fitness

Zum Thema: Körper-Spaß statt bloßer Körperfitness

Es ist ohne Zweifel ein schönes Erlebnis für viele Jungen und Mädchen, in bestimmten Situationen schnell, kräftig und sportlich zu sein. Nur: Der Körper kann noch viel mehr als eine möglichst gut geölte Maschine sein. Im normalen Sportunterricht oder im Sportverein gehen viele dieser Möglichkeiten verloren: *sich elastisch und weich fühlen, Wärme und Kälte bestimmter Körperzonen wahrnehmen, seinen Atem im Körper fühlen, die tausend Gefühle von Hautberührungen wahrnehmen können usw.*

In den folgenden Übungen geht es darum, den Spaß am eigenen Körper jenseits der bloßen Fitness und Sportlichkeit wieder zu entdecken.

Achten Sie bei den Massageübungen darauf, dass die Jungen nicht auf der empfindlichen Wirbelsäule massieren. Es hängt sehr stark von der Gruppensituation ab, ob die Kinder ihre T-Shirts anlassen oder mit nacktem Oberkörper massiert werden wollen - vielleicht sogar mit Massageöl. Zwingen Sie kein Kind zu Massagen. Die Jungen müssen wissen, dass sie jederzeit „Stopp" sagen können.

Elefantenbaby-Massage

Zeitbedarf

15 Minuten

So geht es

Immer zwei Jungen finden sich zusammen. Sie entscheiden, wer zuerst massiert wird und wer massiert.

Führen Sie die Massage mit einer kleinen Geschichte vom Elefantenbaby ein. Einer von den Jungen ist das Elefantenbaby, der Masseur ist der Tierpfleger, der sich um das Elefantenbaby kümmert. Machen Sie während der Erzählung die Handbewegungen der Massage vor:

„Es war einmal ein Zoo, da lebte ein Elefantenbaby. Jeden Tag kam der Tierpfleger, der sich um das Elefantenbaby kümmerte ... Das Baby hat im Schlamm gespielt, deshalb muss der Tierpfleger es einseifen *(mit den flachen Händen über den Rücken gehen)*, dann etwas Wasser mit der Brause auf den Rücken geben *(mit den Fingerspitzen klopfen)*, dann einige Reste vom Dreck aus dem Fell zupfen *(ganz vorsichtig, nicht kneifen)*, und zum Schluss noch mal mit einem dicken Wasserstrahl abspülen *(kräftig mit der flachen Hand abspülen)*."

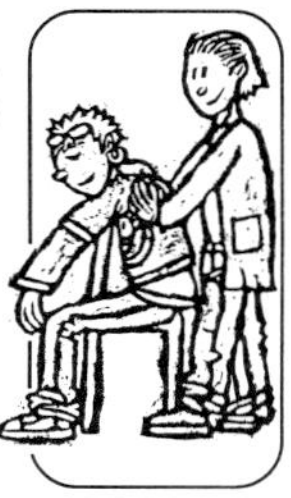

Wettermassage

Zeitbedarf

15 Minuten

So geht es

Die Jungen finden sich zu zweit zusammen. Der eine setzt sich verkehrt herum auf einen Stuhl und lässt die Arme und den Kopf locker über die Lehne hängen. Er ist ganz entspannt und schließt die Augen. Der andere ist der „Wettermasseur".

Leiten Sie die Wettermassage an, z.B. mit einer kleinen Geschichte. Machen Sie die Handbewegungen vor, damit die Wettermasseure wissen wie sie massieren sollen. Am besten wird die folgende Übung immer mit „Sonnenschein" beendet.

„Ihr liegt irgendwo am Strand, hört das Rauschen der Wellen, die Sonne scheint euch auf den Rücken ..."

Sonnenschein: *warme, kreisende Bewegungen mit der ganzen flachen Hand über den Rücken*

kleine Wolken: *mit der flachen Hand kleine, leichte Kreise auf dem Rücken machen*

dunkle Wolken: *mit der Faust langsam etwas festere Kreisbewegungen machen*

Nieselregen: *mit den Fingerkuppen ganz leicht klopfen*

fester Regen: *mit den Fingerkuppen fester klopfen*

Schnee: *ganz leicht mit den Fingerkuppen, dann mit den Handflächen klopfen*

Schlittenfahren im Schnee: *Mit den Fäusten von oben nach unten neben der Wirbelsäule herunterfahren.*

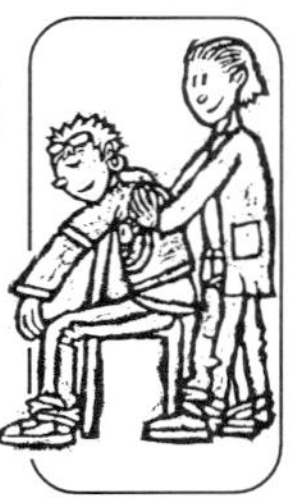

Autowaschanlage

Zeitbedarf

15 Minuten

So geht es

Ein Massage-Spiel ähnlich wie „Wettermassage", aber für die ganze Gruppe:

Die Jungen stellen sich in zwei Reihen in kleinem Abstand voneinander gegenüber auf. Sie sind die „Waschanlage". Einer von ihnen ist jetzt ein „Auto", das durch die Waschanlage fahren darf.

Er geht langsam durch das Spalier der beiden „Bürstenreihen" und lässt sich „reinigen". Er darf vorher bestimmen, was für ein Autotyp er ist *(klein = gebückter Gang, groß = aufrechter Gang)* und was für eine Art von Autowäsche er haben will: Abbrausen *(mit den Fingerspitzen tippeln)*, Einseifen *(mit der ganzen Handfläche sanft reiben)*, Bohnern, Polieren, kräftiges Abschrubben, Trocknen usw.

Wer „sauber" ist, stellt sich hinten an, wird Teil der Waschanlage, und ein weiteres Auto fährt in die Anlage rein.

Stille-Massage-Post

Zeitbedarf

15 Minuten

So geht es

Stille Post kennen ja fast alle: Im Kreis sitzen, einer flüstert seinem Nachbarn ein Wort ins Ohr, der gibt es weiter, bis am Ende der Runde meistens irgendein Unsinn ankommt.

Stille-Massage-Post geht so:
Die Jungen sitzen in einer Reihe, alle mit dem Gesicht zum Rücken des Vordermanns gewendet. Der Letzte macht nun eine oder zwei (nicht zu viele, das wird zu schwierig) sanfte, schöne Massagebewegungen auf dem Rücken des Vorletzten. Der soll ohne zu schauen, am besten mit geschlossenen Augen, möglichst genau an den Vordermann weitergeben, was er gespürt hat. Der Erste zeigt später, was bei ihm angekommen ist.

KÖRPER-SPASS

Samurai

Zeitbedarf

30 Minuten

So geht es

Bei „Samurai" sieht alles zunächst nach einem klassischen Zweikampf aus, doch hier gewinnt nicht der, der am „stärksten" ist:
Zwei „Samurais" stehen sich gegenüber, die Gruppe sitzt im großen Kreis um sie herum. Beiden wurden die Augen verbunden und sie wurden mehrfach gedreht, bis sie keine Orientierung im Raum mehr haben! Sie müssen sich allein auf ihren Hörsinn verlassen. Und darauf, dass sie sich selbst absolut leise bewegen können – das ist gar nicht so leicht. Gewinner ist, wer den anderen zuerst irgendwo berührt.

Das Spiel wird noch spannender, wenn heimlich ein (weiches) Hindernis in die Mitte gestellt wird, über das aber keiner fallen kann.

Flieger

Zeitbedarf

15 Minuten

Vorbemerkung

Bei diesem Spiel ist es wichtig, den „Flieger“ gut festzuhalten, besonders den Kopf und den Hals! Derjenige, der „fliegen“ darf, muss der Situation vertrauen können.

So geht es

Ein Junge legt sich mit dem Rücken auf den Boden oder auf einen Tisch. Mindestens(!) sechs andere Jungen stellen sich um ihn herum. Sie legen zunächst alle ihre Hände an die Stellen, an denen sie ihn später hochheben werden:

Einer fasst unter die Füße, einer unter den Hals und den Kopf, zwei fassen links und zwei rechts unter den Körper. Warten Sie noch einen Moment mit dem „Abheben“, damit der „Flieger“ sich an den Kontakt der Hände gewöhnen kann. Jetzt kann der „Flieger“ abheben. Er wird langsam hochgehoben, sodass er sich sicher fühlt, Vertrauen gewinnt und möglichst sogar die Augen zumachen kann. Vom höchsten Punkt aus gleitet dann der Flieger in einer langsamen Schaukelbewegung wie ein Segelflugzeug herunter. Wenn die Übung gut funktioniert, kann die ganze Gruppe zusammen mit dem „Flieger“ einmal durch den Raum gehen und erst dann wieder landen.

KÖRPER-SPASS

Reißverschluss

Das braucht man

warme Decken als Unterlage

Zeitbedarf

15 Minuten

So geht es

Bei dieser Übung sollten mindestens acht Jungen mitmachen. Alle legen sich in zwei Reihen auf den Boden (auf die Decken), die Köpfe einander zugewandt wie die Zähne eines Reißverschlusses.

Einer spielt den „Zipper“. Die anderen sind die „Zähne“. Sie strecken die Arme gerade in die Höhe. Der „Zipper“ legt sich mit dem Rücken auf die ausgestreckten Arme und wird langsam zum anderen Ende weitergegeben. Dort legt er sich wieder auf den Boden und wird selber als „Zahn“ Teil des Reißverschlusses. Anschließend wird der Nächste zum anderen Ende durchgereicht, bis alle einmal dran gewesen sind.

**Hey,
ist ja wieder gut was los
hier in der Klasse.**

**Ey,
was soll das,
warum haust du mir
das Federmäppchen
auf den Kopf,
du Arsch?**

**Das war keine Absicht?
So, jetzt haste's zurück!
Letztes Mal hast du
auch angefangen!**

Warum sagen mir denn immer alle, dass ich dauernd schlage? Meine Eltern, die Lehrerin, die Mitschüler – stimmt doch gar nicht! Ich werde doch immer geschlagen. Was kann ich denn dafür, wenn die anderen immer anfangen?

Zum Thema: „Streiten"

Streite ...

- ✦ sind für den Einzelnen oft undurchschaubar.
- ✦ kann man lösen, indem man sich aus dem Weg geht.
- ✦ kann man bearbeiten, indem man sich z.B. in einem Rollenspiel den Hergang und die Verantwortlichkeiten vor Augen führt.
- ✦ kann man schlichten, indem man andere um Rat fragt.
- ✦ kann man lösen, indem man die Grenzen anderer akzeptiert (auch wenn man sie nicht versteht).
- ✦ kann man verhindern, indem man vorher klar seine eigenen Grenzen sagt.
- ✦ kann man lösen, indem man sich verträgt.

Wie kann man in das Thema einsteigen?

1. Jeder Junge erzählt einen Streit aus der letzten Woche. Auch Sie als Kursleiter berichten über einen Streit. Sie können ihn als Überleitung zum Rollenspiel auch selbst vorführen.
2. Jeder Junge soll den Fragebogen „Warum streiten Jungen?"(Seite 46) bearbeiten.

STREITEN

Streit-Spiel

Das braucht man

eventuell einen Videorekorder

Zeitbedarf

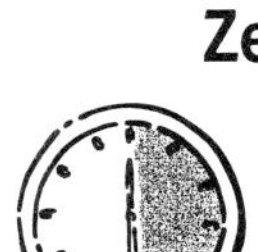

30 Minuten

So geht es

1. Runde

Immer zwei Jungen arbeiten bei dieser Übung zusammen. Sie verständigen sich auf einen Streit, der beiden bekannt ist, weil sie ihn so oder ähnlich schon einmal erlebt haben. Nun überlegen sie, wie bei ihrem Streit die folgenden drei Phasen verliefen: Anfang, Höhepunkt und Ende.

2. Runde

Jetzt wird der gleiche Streit mit vertauschten Rollen vor Publikum aufgeführt. Die Zuschauer achten auf die Unterschiede zum „Originalstreit", sofern sie ihn kennen. Wichtig ist also, unmittelbar nach dem Rollenspiel darüber zu reden.

3. Runde

Zuletzt wird der Streit noch mal gezeigt, mit der Auflage, einen anderen Ausgang darzustellen als den zuerst gezeigten.
In einem Abschlussgespräch kann es darum gehen, ob die „alternativen Lösungen" realistisch sind. Warum sind sie so selten, was ist so schwer daran?

Warum streiten Jungen?

✦ **Gründe könnten sein:**
weil sie sich ärgern wollen, weil einer dem anderen etwas wegnimmt, weil einer den anderen beschimpft, weil einer stärker sein will, weil der andere angefangen hat, weil der andere blöd ist, weil einer den anderen nicht mitspielen lassen will ...

Dein Grund ist:

___

___

___

✦ **Wie kann man einen Streit ohne Kloppen lösen?**
Hilfe holen, miteinander reden, weglaufen, aus dem Weg gehen, sich vertragen, einen Wettkampf nach Regeln austragen ...

___

___

___

✦ **Dein letzter Streit hätte auch so ausgehen können:**

___

___

___

✦ **Warum ist es oft so schwer, einen Streit zu lösen?**

___

✦ **Kennt ihr andere Kinder, die das besser können?**

___

✦ **Fragt sie doch mal, wie sie das machen!**

___

✦ **Warum nicht jetzt gleich?**

___

Schimpfwörter-Illustrierte (1. Teil)

Das braucht man

Wandzeitung

Zeitbedarf

30 Minuten

Vorbemerkung

Schimpfwörter sind die verbalen Mittel, mit denen nicht nur Kinder streiten. Kinder verwenden Schimpfwörter oft unreflektiert, in der Nachahmung erwachsener oder jugendlicher Vorbilder. Schimpfwörter werden als verbale Waffen eingesetzt, die jemand anderen verletzen können. Das macht erst einmal stark, polarisiert, schafft Anerkennung bei Gleichgesinnten, also Zugehörigkeit.

Ziel der Arbeit mit Schimpfwörtern

Man sollte verdeutlichen, welchen Sinn und welche Bedeutung die Verwendung von Schimpfwörter haben kann:

von Spaß über die Kränkung bis hin zur Diskriminierung Dritter.

Vielleicht gelingt es, einen bewussteren Umgang mit der Sprache, insbesondere im Streitfall aufzuzeigen.

So geht es

Auf einer Wandzeitung oder an der Tafel sammeln die Jungen gemeinsam so viele Schimpfwörter, wie sie kennen. Alle möglichen Schimpfwörter müssen erlaubt sein!!!!

Die Wandzeitung sollten vorab in 5 Bereiche eingeteilt werden. Die verschiedenen Oberbegriffe können anhand von Beispielen zunächst erklärt werden. Natürlich können auch weitere Kategorien vorgeschlagen werden.

Karteikarte hier knicken und gegeneinander kleben

Schimpfwörter-Illustrierte (2. Teil)

Die Jungen entscheiden letztendlich, welches Schimpfwort zu welcher Gruppe gehört, ob es beispielsweise sehr verletzend oder nur beleidigend ist. Mehrfache Zuordnungen sind möglich, dadurch wird deutlich, dass Schimpfwörter unterschiedlich wirken.

Witzige	*Beleidigende*	*Verletzende*	*Eine spezielle Person verletzende*	*Diskriminierende*
Toilettentieftaucher	Du Idiot!!	Fette Sau!!	Spasti!! *(nur gegen Sebastian)*	Du Schwuler!!
Flachkacker	Du Arschloch!	Fick deine Mutter!!	Pickelgesicht!!!	Kümmeltürke!!
		Hurensohn!!		Kameltreiber!!
		Missgeburt!!		Missgeburt!!
		Heulsuse!		Fotze!!
				Hure!!

Mögliche Fragen:

- In welcher Rubrik befinden sich die meisten Schimpfwörter von Jungen gegenüber Mädchen?
- In welcher Rubrik gibt es besonders viele Wörter? Woran könnte das liegen?

Fantasielaute-Streit

Zeitbedarf

15 Minuten

So geht es

Nicht nur was man sagt ist wichtig, sondern auch wie man es sagt.

Um dies deutlich zu machen, versuchen immer zwei Jungen einen Streit mit zwei Fantasielauten zu führen. Z.B. benutzt der eine Junge immer nur das Wort *Luminosa* und der andere das Wort *Ratzebuh*. Die Jungen sollen dabei die verschiedenen Gesten, Lautstärken, ihre Überlegenheit und Unterlegenheit in der Situation ausprobieren und den Zusammenhang zu den verschiedenen Heftigkeiten in Streiten erfahren.

Damit dieser Fantasiestreit nicht im Raume stehen bleibt, sollten sich die Jungen nach dem Spiel „formell" versöhnen.

Streitmauer

Zeitbedarf

15 Minuten

Vorbemerkung

Das Spiel eignet sich, um die Wirkung von Schimpfwörtern aus der Sicht des Unterlegenen zu erfahren und das Umschlagen von verbalen in gewalttätige Streits zu thematisieren. Vorsicht! Dieses Spiel kann zwar sehr viel Spaß machen, es kann aber auch die Gruppensituation aufheizen. Es besteht die Gefahr, dass einige Jungen die Regeln nicht einhalten und versuchen jemanden zu schlagen.

So geht es

Es werden zwei Gruppen gebildet, die sich in zwei Reihen gegenüber stehen. Zwischen den Reihen wird mit einem Band eine Grenze/Mauer gezogen, die nicht übertreten werden darf. Zuerst darf die eine Gruppe die andere 15 bis 30 Sekunden lang beliebig beschimpfen. Die Beschimpften dürfen weder verbal noch körperlich darauf reagieren. Danach wird gewechselt.

So geht es auch

Die Gruppen sollen verschiedene Lautstärken ausprobieren: Schreien, Flüstern, Zischen … Nach diesem Spiel sollten sie auf alle Fälle eine Auswertungsrunde machen: Wie habt ihr euch gefühlt? Kennt ihr solche Ohnmachtssituationen? War es schwer zu schimpfen? War es schwer beschimpft zu werden, ohne sich wehren zu dürfen? Wer wollte am liebsten zuhauen? Fangen eure Streits auch oft mit Schimpfwörtern an und enden in Schlägereien?

Ja- und Nein-Sagen

Manchmal ist mir nach „Ja", und manchmal ist mir nach „Nein"!

... und wie ist das bei dir?

Zum Thema: „Ja"- und „Nein"-Sagen

Eines der wichtigsten Ziele der Jungenarbeit ist, den Umgang mit den eigenen Grenzen und den Grenzen anderer zu verändern. Der Schwerpunkt der Mädchenarbeit liegt zunächst auf der Stärkung der Fähigkeit, eigene Grenzen zu formulieren und durchzusetzen. Für die Jungenarbeit genügt eine bloße Umkehrung nicht. Denn wer die Grenzen anderer nicht akzeptieren kann, ist oftmals unfähig, seine eigenen Grenzen wahrzunehmen.

Ziel der folgenden Übungen ist es daher, dass die Jungen ihre verschiedenen körperlichen, emotionalen, sozialen Grenzen wahrnehmen und sie anderen gegenüber zeigen. Innerhalb der Jungengruppe können die Jungen lernen, dass diese Offenheit nicht als „Schwäche" abgewertet wird, sondern ihnen helfen kann sich in Konfliktsituationen zu schützen. Dies eröffnet ihnen die Möglichkeit, alternative Handlungsmöglichkeiten zu erproben. Da sie in der Gruppe erleben, dass es verschiedene Motivationen und Situationen gibt, in denen andere Grenzen setzen, erhöht sich zudem ihre Sensibilität, Grenzsetzungen anderer Jungen und Mädchen wahrzunehmen.
Ob dadurch auch verhindert werden kann, dass Jungen Grenzen verletzen, hängt von vielen Faktoren ab. Allerdings erscheint uns der Weg über die innere Motivation der Jungen unerlässlich zu sein, da ein bloßes Verbieten von Grenzverletzungen auf die Dauer keine Lösung darstellen kann.

Ja und Nein – Zwiegespräch

Zeitbedarf

15 Minuten

So geht es

Die Jungen gehen zu zweit zusammen und führen vor der Gruppe einen Ja-Nein-Dialog auf. Einer beginnt mit einer konkreten Aufforderung („Komm' mit ins Kino!"), wechselt dann aber zu einem variantenreichen „Ja", mit dem er den Anderen zu überzeugen versucht, während dieser seine ablehnenden Gefühle im „Nein" ausdrückt. Bei diesem Spiel sollen Gefühlsausdrücke, Modulationen und Körperhaltungen durchprobiert werden, die ein „Ja" oder ein „Nein" verstärken: schmeicheln, flehen, wütend aufstampfen, ängstlich flüstern, befehlend oder entschieden, ruhig, freudig, lahm sprechen.

Wann sagen wir „Ja" – wann „Nein"?

Das braucht man

Wandzeitung

Zeitbedarf

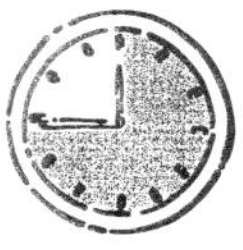

45 Minuten

So geht es

An der Tafel oder einer Wandzeitung werden Erlebnisse der Jungen in zwei Gruppen gesammelt:

1. In welchen Situationen möchtest du sagen: „Nein, das will ich nicht"?
2. Wann sagen andere zu dir: „Nein, das möchte ich nicht!"?

Die Wandzeitung kann hinterher z.B. so aussehen:

Ich sage „Nein!"...

wenn mir jemand meinen Tisch oder Stuhl wegnehmen will/... wenn mich jemand küssen will, ohne dass ich das will/... wenn jemand etwas von mir will, ich aber gerade etwas interessanteres mache/... wenn jemand sich gegen meinen Willen zu mir setzt.

Andere sagen „Nein!"...

Mutter und Vater sagen Nein, wenn sie nicht mit ins Kino wollen/... wenn sie keine Lust zu spielen haben. Ein Mädchen sagt Nein, als es nicht geküsst werden will/... als ein Junge ihr in die Toilette hinterherläuft. Jemand sagt Nein zum Scherz, wenn wir Geld haben wollen!

Anschließend sind folgende Fragen möglich:

- ➤ Wann wurde euer Nein nicht wahrgenommen?
- ➤ Wann würdet ihr gerne Nein sagen, habt es euch jedoch bisher nicht getraut?
- ➤ In welchen Situationen braucht man eine laute Stimme, wann nicht?
- ➤ Wie fühlt es sich an, wenn jemand zu dir Nein sagt?

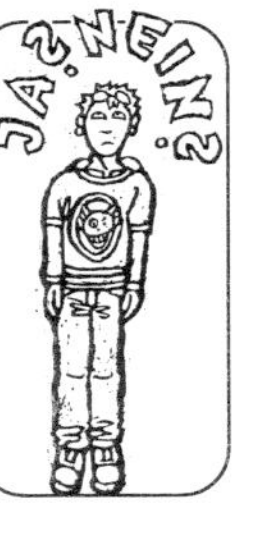

Schreimauer

Zeitbedarf

15 Minuten

So geht es

Es werden nicht zu große Gruppen gebildet. Eine Gruppe steht der anderen in einer Reihe mit einem Abstand von einigen Metern gegenüber. Die eine Gruppe bewegt sich ganz langsam, mit Trippelschritten, auf die andere zu. Die andere Gruppe versucht sie durch Einsatz von Körperhaltung und Stimme (verschieden laut und deutlich gerufen: „Nein!", „Bleib weg!", „Hau ab!") an einem weiteren Näherkommen zu hindern. Leise Rufe sind oft effektvoller!

Die näher kommende Gruppe soll sich je nach Deutlichkeit des ihnen entgegengebrachten „Nein!" entweder langsamer auf die anderen zu bewegen, stehen bleiben oder gar wieder zurückweichen. Nach einiger Zeit werden die Rollen getauscht.

Zuletzt berichten die Gruppen, welche Position einfacher war.

Parkbankspiel

Das braucht man

Stuhlreihe oder Bank, Videorekorder

Zeitbedarf

45 Minuten

So geht es

Vier Stühle werden nebeneinander zu einer Parkbank aufgestellt. Ein Junge setzt sich auf die Bank. Er tut so, als sei er im Park und genieße das Leben: *ausruhen, den Vögeln zugucken, in die Sonne blinzeln usw.*

Ein weiterer Junge kommt des Wegs und spricht den ersten an: *Wie viel Uhr ist es? Hast du mal was zu trinken? Darf ich Platz nehmen?* ... Jeder Junge überlegt sich vorher, was für ein „Störer" er sein will.

Der erste Junge formuliert nun seinen Wunsch, in Ruhe gelassen zu werden. Er kann dies auf höfliche Weise ausdrücken oder direkt und ohne große Umschweife. Der „Störer" lässt jedoch zunächst nicht locker, bis der erste Junge durch ein entschlossenes „Nein" oder eine klare Körpergeste für alle klar vermittelt, dass er eine Grenze setzt und nicht will, dass diese verletzt wird.

Nun übernimmt der „Störer" die Rolle dessen, der seine Grenze setzen muss und ein weiterer Junge spielt den „Störer". Alle Jungen sollten einmal beide Rollen übernommen haben.

Es wäre sinnvoll, das Spiel auf Video aufzunehmen und es sich hinterher unter folgenden Gesichtspunkten anzuschauen.

- Wem fiel es leicht oder schwer, eine Grenze zu setzen?
- Wer hörte nicht auf zu stören, obwohl die Grenze längst klar überschritten wurde?

„JA" UND „NEIN"

Welche Berührungen sind schön, welche nicht?

Das braucht man

Körperumrisse, rote und grüne Punkte

Zeitbedarf

45 Minuten

Vorbereitung

Zunächst sollten zwei große Körperumrisse angefertigt werden und auf den Boden in die Mitte der Gesprächsrunde gelegt werden.

So geht es

Jeder Junge erhält mehrere rote und einen grünen Punkt. Alle überlegen, welche Berührungen sie an welcher Stelle gerne haben und welche nicht. Ob sie schön sind oder nicht hängt unter anderem davon ab, wer berührt (Tante, Bruder, Mutter ...?), wie oft die Berührung geschieht usw.

Die Jungen nehmen für eine schöne Berührung einen grünen Punkt und legen ihn auf die entsprechende Körperstelle. Wenn sie wollen, können sie es ganz genau machen und auf den Punkt schreiben, wer sie dort wie oft berühren darf. Mit dem roten Punkt (oder mehreren) markieren sie dann entsprechend die Stellen, wo Berührungen für sie unangenehm sind. Wichtig ist, dass alle sehen: Bei unangenehmen Berührungen können sie ganz einfach „Nein!" sagen!

In der anschließenden Gesprächsrunde können die Jungen darüber reden:

- Fällt es ihnen schwer, über unangenehme Berührungen zu reden? Mit wem können sie darüber reden? Wussten sie schon von den anderen Jungen, welche Berührungen für sie unangenehm sind?
- Wie wichtig sind unangenehme Berührungen für Streit?
- Wie wichtig sind angenehme Berührungen bei einer Beendigung eines Streits?
- Wie ist das mit den unangenehmen Berührungen zwischen Jungen und Mädchen?

Spaß und Vertrauen mit anderen

Waage

Zeitbedarf

15 Minuten

So geht es

Bei dieser Übung geht es um Vertrauen und Gefühl für den Partner. Am besten gehen jeweils zwei etwa gleich große oder schwere Jungen zusammen.

Die beiden Partner fassen sich an den Händen und stellen sich gegenüber, die Zehenspitzen unmittelbar aneinander. Dann lehnen sie sich mit gestreckten Knien vorsichtig nach hinten, bis sie sich mit ebenfalls gestreckten Armen halten. Keiner von beiden könnte noch ohne den anderen stehen. Jetzt können beide wie bei einer Waage den Gleichgewichtspunkt fühlen und langsam um ihn herum hin- und herschwanken. Am besten spüren sie den Punkt, wenn sie die Augen schließen.

SPASS UND VERTRAUEN

Sternwaage

Zeitbedarf

15 Minuten

So geht es

Die Sternwaage ist eine Vertrauensübung für die ganze Gruppe.

Die Gruppe mit einer geraden Anzahl an Teilnehmern stellt sich in einem Kreis auf. Alle fassen sich mit locker baumelnden Armen an den Händen. Die Jungen werden nun zwei Gruppen zugeordnet: Abwechselnd gehört jeder entweder zu Gruppe A oder zu Gruppe B. Jeder aus Gruppe A lehnt sich jetzt wie bei der „Waage" vorsichtig zurück. Die Teilnehmer der Gruppe B lehnen sich mit ihrem Gewicht vorsichtig nach vorne. Dabei bleiben die Füße jeweils geschlossen beieinander und die Arme letztendlich gestreckt. Jetzt ist ein Stern entstanden, der sich im Gleichgewichtspunkt hält. Anschließend wird mehrfach vorsichtig zwischen A und B gewechselt, der „Stern" schwingt sehr langsam hin und her.

Taumelnde Nabe

Zeitbedarf

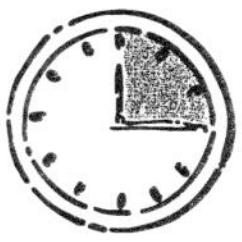

15 Minuten

So geht es

Auch in diesem Spiel geht es um Vertrauen in der Gruppe. 4–6 Jungen bilden um einen anderen Teilnehmer, die „Nabe", einen Kreis. Damit alle den gleichen Abstand zu ihm bekommen, legt zunächst jeder mit gestrecktem Arm eine Hand auf seine Schultern. Der in der Mitte Stehende stellt die Füße eng aneinander und schließt die Augen. Die anderen versetzen ihn durch den Druck ihrer Hände langsam in kreisende oder hin- und hertaumelnde Bewegungen.

Nach kurzer Zeit müssen nicht mehr alle gleichzeitig die Nabe dirigieren. Sie können sie mit etwas größeren Bewegungen sanft in der ankommenden Bewegungsrichtung aufnehmen, abfedern und weich weitergeben. Es geht dabei nicht um Geschwindigkeit, sondern um ein sicheres, fließendes Gefühl für den in der Mitte Stehenden. Die Teilnehmer im Kreis müssen gut aufpassen, dass das Gewicht der „taumelnden Nabe" sie nicht überrascht. Die Nabe muss versuchen, den anderen völlig zu vertrauen und sich ihren Händen voll zu fügen, ohne mit den eigenen Beinen gegenzusteuern.

Siamesischer Rücken

Zeitbedarf

15 Minuten

So geht es

Immer zwei Jungen gehen zusammen und setzen sich auf den Boden, Rücken an Rücken. Jetzt versuchen beide aufzustehen, indem sie ihre Rücken fest gegeneinander drücken.

Das funktioniert ohne die Füße zu bewegen oder die Hände zur Hilfe zu nehmen!

Auch nach dem Aufstehen bleiben die beiden „aneinander gebunden". Rücken an Rücken durchqueren sie zusammen den Raum. Möglichst ohne zu sprechen sollten sich die Jungen darüber verständigen, wer gerade lieber führen will und wer lieber geführt werden möchte.

Spiegelbild

Zeitbedarf

15 Minuten

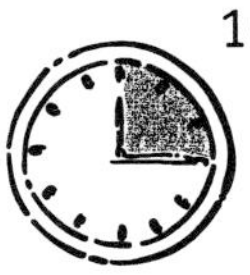

So geht es

Zwei Jungen stellen sich einander gegenüber. Einer übernimmt die Rolle des Spiegels. Der andere macht jetzt alle möglichen Bewegungen, also Zähne putzen, waschen, ein Brot schmieren, sich drehen, grüßen, winken usw.

Das Spiegelbild macht alles nach!

Der Spiegel muss besonders Acht geben, dass Bewegungen nach rechts, links, vorne und hinten richtig gespiegelt werden!

Nach einer Weile werden die Rollen gewechselt.

Irgendwann, nach einigen Wechseln, weiß man bei diesen Spielen nicht mehr, wer führt und wer sich führen lässt oder der Spiegel ist. Dann muss man versuchen, sich in den anderen hineinzudenken, um seine eigene Rolle herauszufinden.

SPASS UND VERTRAUEN

Führen und geführt werden

Das braucht man

Schals, Tücher o.Ä.

Zeitbedarf

15 Minuten

Vorbemerkung

Nach Ende des Spiels sollten die Fragen gestellt werden, was einfacher war: führen oder geführt werden? Vertraute der Blinde dem Führenden?

So geht es

Dies ist wieder eine Partnerübung. Einer der beiden bekommt die Augen verbunden. Der andere führt ihn dann mit wachsendem Schwierigkeitsgrad durch den Raum, indem er:

1. den Arm um die Schultern des anderen legt,
2. mit beiden Händen nur noch einen Arm umfasst,
3. mit nur einer Hand die Hand des anderen nimmt,
4. nur noch die flache Hand auf den Rücken des Geführten legt, ihn also nicht mehr festhält. Sobald der Kontakt abreißt, muss der „Blinde" stehen bleiben!
5. nur noch mit einem Finger auf den Rücken tippt,
6. mit dem Geführten Geräusche ausmacht (Piepen, Schnattern, Grunzen usw.), die ihn durch den Raum leiten. Der Führende berührt den „Blinden" also nicht mehr, er hilft ihm nur noch mit den Geräuschen. Das ist schwer!

Zuletzt können die Rollen gewechselt werden.

Zimmer-Stuhl-Fußball

Das braucht man

Stühle, zwei umgedrehte Tische, kleinen, weichen Ball

Zeitbedarf

30 Minuten

So geht es

Das Spiel ist ganz einfach: Fußball spielen, wenn das Wetter schlecht ist oder die Gruppe aus anderen Gründen im Zimmer bleiben muss.

Zwei Stuhlreihen werden gegenüber aufgestellt, rechts und links wird das Spielfeld durch zwei umgedrehte Tische begrenzt. Gespielt wird mit einem kleinen weichen Ball (Tennisball). Als Tor zählt nur, wenn der Ball unter den Stühlen durchgeht. Es wird nur mit den Füßen und Beinen gespielt. Es kann also nicht mit den Händen abgewehrt werden.

Wichtig ist: Der Po muss immer Kontakt zum Stuhl haben! Wenn einer vom Stuhl aufsteht, bekommt die andere Mannschaft einen Freistoß.

SPASS UND VERTRAUEN

Fischfresser

Das braucht man

ein abgegrenztes Spielfeld

Zeitbedarf

15 Minuten

So geht es

Bei dem abgegrenzten Spielfeld ist die eine Seite der offene Ozean und die andere die Küste.

Einer von den Mitspielern ist der Fischfresser.
Alle anderen Mitspieler sind Fische und schwimmen zwischen Küste und Ozean herum. Sagt der Fischfresser *„Ozean!"* müssen alle Fische zum Ozean schwimmen. Sagt der Fischfresser *„Küste!"*, müssen alle Fische zur Küste. Der Fischfresser versucht dann immer die Fische zu fangen. Diejenigen, die berührt wurden, werden auch zu Fischfressern.

Sagt der Fischfresser: *„Fischfresser Hering!"*, können die Fische sich zu zweit helfen, indem sie sich eng Schulter an Schulter bewegen (immer in Berührung bleiben!). Nun kann der Fischfresser nur die abschlagen, die sich nicht helfen und alleine schwimmen.

Varianten durch andere Zurufe des Fischfressers:
„Sardine!": Die Spieler können sich retten, wenn sie alle ganz dicht zusammendrängen, wie das nun mal so ist in einer Sardinenbüchse.

„Krebs!": Die Mitspieler können sich retten, indem immer zwei Rücken an Rükken schwimmen und sich die Hände zwischen den Beinen durch halten.

Schlangen fangen

Zeitbedarf

15 Minuten

So geht es

Alle Jungen stehen in einem begrenzten Spielfeld, das nicht verlassen werden darf. Einer beginnt und ist der Fänger. Hat er einen anderen erwischt, nimmt er ihn an die Hand und fängt mit ihm gemeinsam weiter. So wird die Schlange immer länger. Wenn acht Kinder in der Schlange sind, dann wird sie einmal geteilt. Nun fangen zwei Schlangen.

Wer zuletzt übrig bleibt, ist im nächsten Spiel die neue Schlange.
Er darf wieder anfangen.

Wo ist der Stein?

Das braucht man

einen kleinen Stein,
Kreide

Zeitbedarf

15 Minuten

So geht es

Dies ist ein afrikanisches Ratespiel für zwei Mitspieler.
Folgendes Bild wird mit Kreide auf den Boden gemalt:

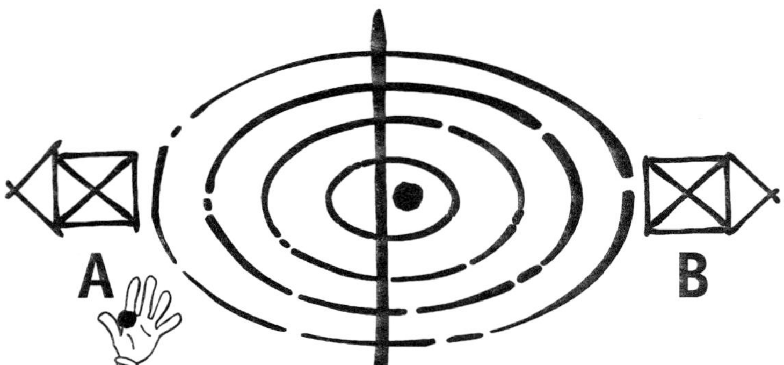

In der Mitte liegt ein Stein. A hat beide Hände nach vorne gestreckt. In einer Hand hält er einen kleinen Stein.
B muss raten, in welcher Hand A den Stein hat. Hat er richtig geraten, darf B den Stein von der Mitte aus einen Kreis weiter in die Richtung seines Hauses bewegen. Tippt B daneben, ist A mit dem Raten an der Reihe.
Wer zuerst den Stein in sein Haus legen kann, hat gewonnen.

Vampirspiel (1. Teil)

Zeitbedarf

15 Minuten

So geht es

Ein Teilnehmer ist der Vampir, ein anderer sein Opfer. Seine Aufgabe ist es natürlich, sein Opfer zu fangen. Aber anders als im wirklichen Vampirleben kann der Vampir sich dadurch „erlösen“ und wieder zum Menschen werden – damit aber leider auch zum potenziellen Opfer ...

Es beginnt damit, dass die Jungen sich immer paarweise an der Hand nehmen. Die einzelnen Pärchen dürfen nicht zu nah beieinander stehen, damit der Vampir eine Chance hat, sein Opfer über eine längere Strecke zu jagen.
Der Vampir benennt aus einem Pärchen ein „Opfer“ und verfolgt es.
Das Opfer kann sich nur retten, indem es die Hand eines anderen Kindes nimmt, sodass jetzt für kurze Zeit drei zusammenstehen. So bilden sie aber eine im chemischen Sinne äußerst instabile Verbindung – das Kind, das nun am anderen Ende der Dreierkette steht, wird freigesetzt und muss weglaufen: ein neues Opfer!

Karteikarte hier knicken und gegeneinander kleben

SPASS UND VERTRAUEN

Vampirspiel (2. Teil)

So geht es auch

Das Kind am Ende der Dreierkette wird automatisch zum Vampir und der vorherige Vampir zum Opfer.

Achtung!

Fängt der Vampir sein Opfer vor der rettenden Hand, wird das Opfer sofort zum neuen Vampir – und der vorherige Vampir zum möglichen Opfer.
Bei diesem Spiel geht es ganz schön durcheinander. Am besten, einer ist immer „Schiedsrichter“ und merkt sich, wer gerade der Vampir ist.

Fantasielandschaft (1. Teil)

Das braucht man

für je drei Jungen eine ca. 1 m² große Pappe; viel Bastelmaterial, am besten viele „Reste“: Klebefolien, Styropor, Schaumstoff, Federn, Schrauben, Büroklammern, Draht, buntes Papier etc., Klebstoff; gut geeignet dafür ist Korkplattenkleber, eine braune, zähe Masse, auswaschbar und ohne Gifte. Man kann alles hineintunken und sofort irgendwie auf die Pappen kleben.

Vorbemerkung

Diese Übung macht nicht nur Spaß. Sie bietet sich ideal an, der Fantasie der Jungen einen Platz für freien Auslauf zu bieten. Sie eignet sich hervorragend als Kooperationsübung, besonders bei Gruppen, in denen die Jungen noch nicht gelernt haben, sich gegenseitig zuzuhören oder wenn sie große Schwierigkeiten haben, überhaupt irgendetwas gemeinsam zu machen.

So geht es

Die Gruppe teilt sich in Dreier- oder Vierer-Teams auf. Jedes Team erhält eine Pappe. Diese wird zunächst vorbereitet, indem die Seiten eingeschnitten, hochgeklappt und zusammengetackert werden: Es entsteht ein sehr flacher, rechteckiger Karton ohne Deckel.

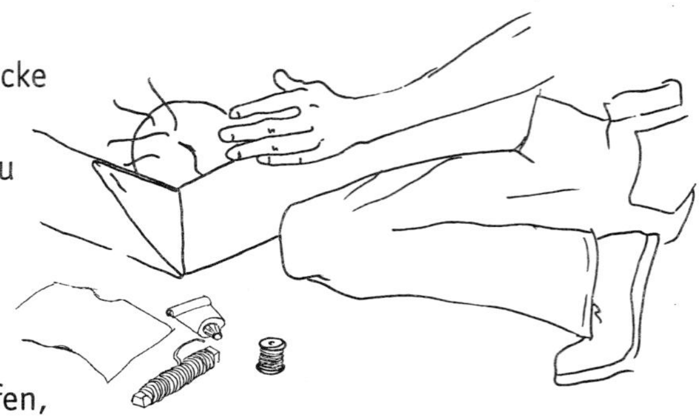

Dann fängt jeder Junge an einer Ecke des Kartons an, irgendeine Landschaft, eine Bühne, ein Szenario zu basteln, wo seine Geschichte spielt. Diese Geschichte kann er sich vorher ausgedacht haben. Er kann aber auch einfach anfangen, eine Fantasielandschaft zu entwerfen, und sich später eine Geschichte dazu ausdenken.

Karteikarte hier knicken und gegeneinander kleben

Fantasielandschaft (2. Teil)

Zeitbedarf

2 x 45 Minuten

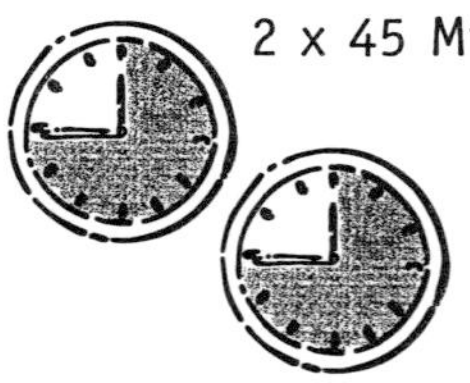

Die Mitglieder eines Teams beginnen zunächst jeder für sich die eigene Geschichte zu entwickeln. Je mehr sich jeder auf seiner Fläche jedoch in den „Raum“ ausbreitet, desto wichtiger wird es, sich mit den anderen abstimmen. Jetzt können sie überlegen, ob sie ihre jeweiligen Geschichten zu einer gemeinsamen zusammenfügen, ob sie zwei Varianten derselben Geschichte entwickeln, ob sie lieber alleine weiter werkeln ...

Wenn alle Teams ihre Fantasielandschaft fertig gestellt haben, werden im Rahmen einer Präsentation alle Landschaften und Geschichten vorgestellt. Sie können auch erst die anderen raten lassen, welche Geschichte die Ursache oder Folge der jeweiligen Landschaft war.

Zuletzt können sie noch die jeweiligen Fantasielandschaften zu einer großen zusammenschieben. Hier ist die Abstimmung aller Teams erforderlich, wie sie wohl am besten zueinander passen. Wenn die Entscheidung gefallen ist, können die jeweils aneinander grenzenden Ränder wieder heruntergeklappt und zusammengeklebt werden, sodass eine große Landschaft entsteht. Ob auch die verschiedenen Geschichten sich zu einer zusammenführen lassen?

Geschlechter?

Mädchen sein

Junge sein

anders sein

**Einen Tag zaubern können:
Als Junge mal ein Mädchen sein,
als Mädchen mal ein Junge sein!**

Wer wollte das nicht schon mal?

Zum Thema: „Geschlechter“

In der Auseinandersetzung um Geschlecht, Identität und Rolle gibt es viele „Patentrezepte“. Uns geht es hier nicht darum, den Jungen eine neue, scheinbar sichere Identität nahe zu legen. Die Übungen sollen es den Jungen ermöglichen, sich selbst wahrzunehmen und sich in der Gruppe über Erwartungen und Bedürfnisse auszutauschen. So können sie vielleicht Möglichkeiten und Grenzen vorgegebener Rollen für Jungen und Mädchen entdecken.

Die Übung *„Was gefällt mir nicht an Jungen?“* wird viele Stereotypen und Vorurteile gegenüber Mädchen und Jungen hervorrufen. Diese Äußerungen sollten nicht gleich im Einzelnen positiv oder negativ bewertet werden. Betrachten Sie sie als Ausdruck der unterschiedlichen Bilder und Wünsche, die sich über die Abgrenzung vom jeweils anderen Geschlecht manifestieren. Nach dieser Übung wissen Sie in jedem Fall, woran und mit was Sie zu arbeiten haben.

Nach unseren Erfahrungen fällt es den Jungen sehr leicht, in den Übungen *(z.B. „Vorurteilswettbewerb“)* ihre eigenen Vorurteile zu entkräften. Besonders interessant sind die Übungen, wenn sie parallel auch in einer Mädchengruppe durchgeführt werden. Dies bietet die Möglichkeit, die unterschiedlichen Ergebnisse in gemeinsamen Stunden in Form von Statistiken, Umfragen, Interviews etc. in Beziehung zu setzen.

Jungen: Was gefällt mir dran, was nicht?

Das braucht man

Wandzeitung

Zeitbedarf

45 Minuten

So geht es

Jeder Junge erhält ein Blatt und soll darauf jeweils drei Stichpunkte aufschreiben: Was gefällt ihnen an Jungen, was nicht? Die Antworten werden auf einer Wandzeitung gesammelt.
Die Wandzeitung könnte so aussehen:

... dass sie Freunde haben ... dass sie cool sind ... dass sie einfallsreich sind ... dass sie witzig sind ...	... dass sie Feinde haben ... dass sie gemein sind ... dass sie hauen ... dass sie cool sind und angeben ...

- Vielleicht haben die Jungen Lust, die Wandzeitung den Mädchen zu zeigen oder einen Fragebogen an die Mädchen zu entwickeln ...

Vorurteilswettbewerb (1. Teil)

Das braucht man

Wandzeitung

Zeitbedarf

30 Minuten

So geht es

Dieser Wettbewerb wird in Stil einer TV-Spielshow angeleitet. Es geht um Vorurteile darüber, was Jungen bzw. Mädchen alles nicht können. Das „Nicht-Können“ ist wichtig, da es viel schwieriger ist, Vorurteile positiv zu formulieren.

Es werden zwei Gruppen gebildet. Jede Gruppe erhält ein Blatt, einen Stift und ca. 5 Minuten Zeit, um möglichst viele Sachen, Eigenschaften, Fähigkeiten aufzuschreiben, was Jungen bzw. Mädchen angeblich nicht können. Ohne lange Diskussion sollen möglichst viele Stichpunkte aufgeschrieben werden.

Gewinner der ersten Runde ist die Gruppe mit den meisten Vorurteilspunkten.

Doch nun kommt die zweite Runde. Abwechselnd darf jede Gruppe bei der anderen einen Stichpunkt streichen, wenn sie eine Begründung dafür geben kann (z.B. „Mädchen können doch auch im Stehen pissen!“) oder wenn sie ein Mädchen bzw. einen Jungen kennt, die/der das doch kann. Danach sieht die Liste z.B. so aus *(siehe 2. Teil):*

Karteikarte hier knicken und gegeneinander kleben

Vorurteilswettbewerb (2. Teil)

Jungen können nicht/sind nicht:
~~können nicht nähen~~, ~~sind hässlich~~, ~~können nicht singen~~, ~~haben kein Gefühl~~, sind keine Hausfrau, ~~können nicht andere „anmachen“~~, haben keinen Busen, sind nicht lesbisch, ~~nicht fair~~, haben keine Scheide, ~~keine langen Haare~~, ~~haben nicht so viel Liebe~~, ~~werden kein Steward~~, ~~nehmen keine~~, keine Eizellen, ~~Kosmetik~~, ~~sind nicht sauber~~, können keine Kinder bekommen, ~~können nicht so sauber schreiben~~, ~~haben keine schönen Lippen~~

Mädchen können nicht/sind nicht:
~~können nicht so gut Sport~~, ~~fahren keine Formel 1~~, ~~können nicht boxen~~, ~~sind keine Bauarbeiter~~, ~~gehen nicht in den Sexshop~~, sind nicht schwul, ~~sind nicht hart~~, ~~sind nicht hässlich~~, haben keinen Pimmel, ~~sind nicht cool~~, haben keinen Samen, ~~werden kein Pilot~~, ~~sind nicht anstrengend~~, ~~sind nicht misstrauisch~~, ~~können kein Fußballspielen~~, ~~haben keinen Mut~~, ~~geben kein Geld aus~~, ~~schlagen nicht~~, ~~sind nicht so schnell~~

Es gibt also gar nicht so viele Unterschiede zwischen Mädchen und Jungen? Jedenfalls gibt es nicht mehr, als es auch Unterschiede zwischen lauten und leisen, kleinen und großen, sportlichen und künstlerischen Kindern und Erwachsenen gibt – oder ?

Wohnformen (1. Teil)

Das braucht man

Beispiel der Wohnstraße, Papier, Stifte, alte Illustrierte

Zeitbedarf

45 Minuten

Vorbemerkung

Der Ort, an dem die Geschlechterrollen weitergegeben werden, ist meistens der eigene Wohnort. Ein großer Teil der Kinder wohnt schon nicht mehr mit Vater und Mutter zusammen. Ist das immer nur eine Verschlechterung?

Ziel der Übung

In der folgenden Übung sollen die Jungen dagegen die Möglichkeit erhalten, ihre jeweilige Lebensrealität mit allen Vor- und Nachteilen vorzustellen. Verschiedene Lebensformen und damit auch Handlungsmöglichkeiten werden sichtbar, die außerhalb der traditionellen Familie mit ihrer oft sehr rigiden Vorstellung von Geschlechterrollen stehen.

In dieser Übung können Sie den Jungen besonders anschaulich „alternative" Lebensformen wie das Leben in Wohngemeinschaften, das Zusammenleben homosexueller Paare ... näher bringen.
Das Beispiel der Wohnstraße wird an der Wand des Raumes aufgehängt. Die Bewohner der Straße werden vorgestellt: Herr Maier im Ampelhaus, der alleine wohnt. Olaf der Elefant. Familie Maier mit Vater, Mutter, einem Kind, zwei Hunden und einer Riesenschildkröte. Hugo und Bert, die beiden Schwulen aus der Nr. 8 ...

Nun können die Jungen selbst eine Wohnstraße malen, wie er wohnt oder wohnen möchte. Wer will, kann auch mit alten Illustrierten eine Fotocollage ins Haus kleben.
Am Ende stellt jeder Junge wie in einer Galerie oder Stadtführung den anderen vor, wer in seinem Haus wohnt.

Karteikarte hier knicken und gegeneinander kleben

„GESCHLECHTER"

Beispiel: Wohnformen (2. Teil)

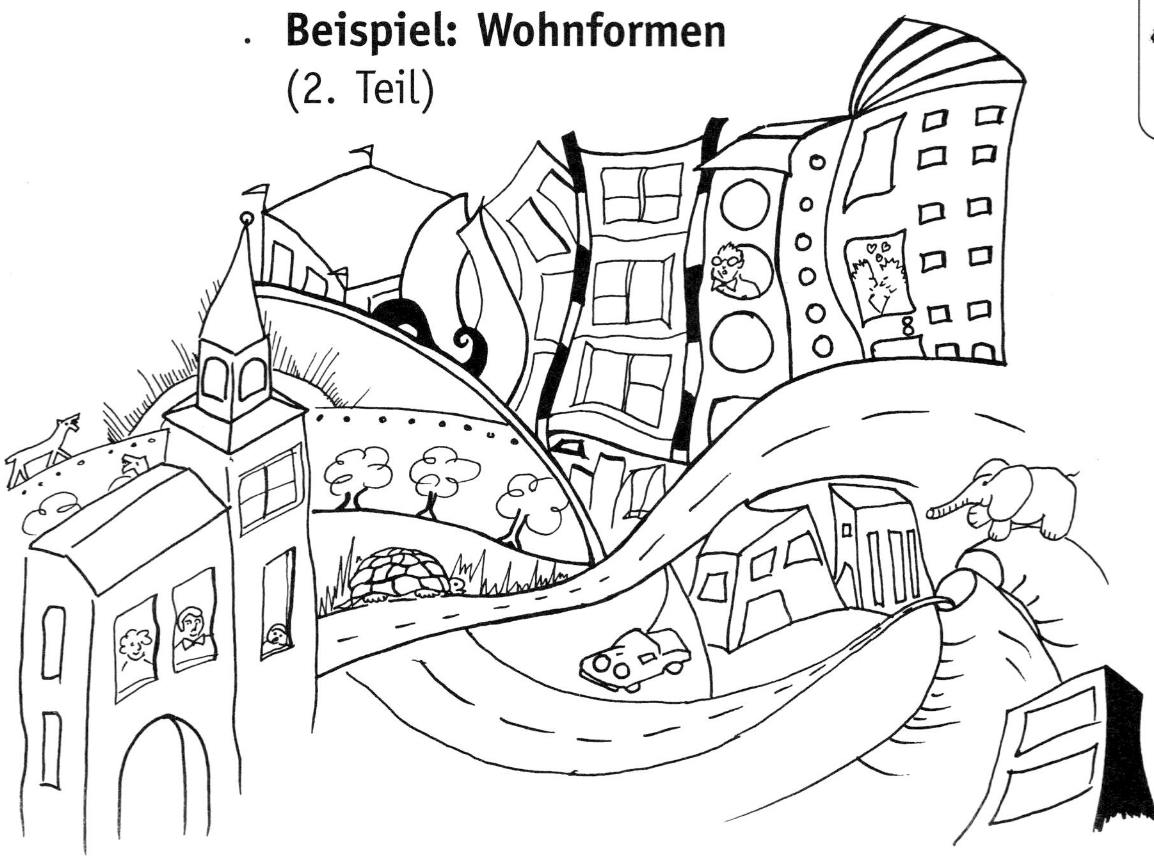

Werbung mal anders

Das braucht man

Video mit Werbung, Zeitschriften

Zeitbedarf

45 Minuten

Idee

Die Jungen drehen mit einer Videokamera einen Werbefilm für ein Fantasieprodukt.

So geht es

Gemeinsam werden verschiedene Werbespots aus dem Fernsehen mit typischen Geschlechterrollen angeschaut. Die Gruppe sammelt zunächst: Wofür werben Männer, wofür werben Frauen?

Beispiel:

Männer werben oft für:

Autos
Rasierwasser
Bohrmaschinen
Computer
Alkohol

Frauen werben oft für:

Kosmetik
Waschmittel
Körperpflege
Mode
Schlankheitsmittel

Nach dem Motto: „Brauchen Frauen keine Bohrmaschine?“ und: „Brauchen Männer kein Waschmittel?“ schneiden die Jungen nun aus Zeitschriften Werbung aus und gestalten sie um. So entsteht neue Fantasiewerbung, in der z.B. Michael Schumacher für ein neues Waschmittel wirbt.

„GESCHLECHTER“

Woran erkennt man eigentlich Mädchen und Jungen?

Das braucht man

Fotos/Bilder von nicht eindeutig geschlechtlich bestimmbaren Männern/Frauen

Zeitbedarf

30 Minuten

So geht es

Zeigen Sie Bilder von Männern bzw. Frauen, die von ihrer Selbstdarstellung her nicht eindeutig als Mann oder Frau identifiziert werden können. Viele Popstars wie Angelo Kelly oder Michael Jackson spielen bewusst mit den Geschlechterbildern von „Junge“ und „Mädchen“. Was könnte der Grund dafür sein?
Die Jungen können mit eigenen Fotos von sich, von ihren Brüdern und Schwestern die Runde lebendiger machen.

Folgende Fragen sind möglich:

- ✦ Woran erkennt ihr, ob es sich um Jungen oder Mädchen handelt?
- ✦ Sind das immer die gleichen Merkmale?
- ✦ Habt ihr euch schon mal einen Jungen für ein Mädchen gehalten?
- ✦ Ist euch schon mal passiert, dass ihr verwechselt wurdet? Wie habt ihr euch dabei gefühlt?
- ✦ Wofür ist es eigentlich wichtig, Mädchen und Jungen immer unterscheiden zu können? Wo hat diese Unterscheidung keinen Nutzen?
- ✦ Welche anderen Möglichkeiten außer „eindeutig Mann“ und „eindeutig Frau“ gibt es?

Typen-Tausch (1. Teil)

Das braucht man

je zwei Lose für jeden Typus; für jeden Jungen ein Los; einen Spielleiter

Zeitbedarf

15 Minuten

Vorbereitung

- Lose für verschiedene Menschentypen: *Marsmensch, alter Mensch, fliegender Mensch, Höhlenmensch, Unterwasserbewohner, zaubernder Mensch, Eskimo, Robotermensch, Schaumstoffmensch …*
- Wahl eines Spielleiters

So geht es

Die Jungen ziehen jeder ein vorbereitetes Los, auf dem steht, in welche Person das Kind sich heute verwandeln wird. Von jeder Rolle gibt es zwei Lose.

Die Jungen lesen die Lose heimlich für sich. Sie sollen noch nicht verraten, wer sie sind. Das Aufdecken der Identität soll später Teil eines Quiz sein.

Jeder soll für sich schon einmal überlegen: Wie bewegt sich, wie schmückt sich, wie hüpft, wie lacht, wie begrüßt sich eigentlich ein:
Marsmensch, Höhlenmensch, alter Mensch, fliegender Mensch, Unterwassermensch, Robotermensch, Schaumstoffmensch, Jungenmensch, Mädchenmensch, Jungenmädchenmensch, Irgendwasundwiemensch?

Dann gehen alle auf ihre Weise durch den Raum, möglichst ohne sich gegenseitig anzurempeln. Der Spielleiter geht auch mit herum und stellt währenddessen, mit längeren Pausen dazwischen, folgende Fragen, die von den Jungen mit der entsprechenden Aktion beantwortet werden soll *(siehe 2. Teil):*

Karteikarte hier knicken und gegeneinander kleben

Typen-Tausch (2. Teil)

- ✦ Wie geht die Person, die ihr seid? Stampft sie wie ein Bär, geht sie leicht auf Zehenspitzen, hüpft sie wie ein Vogel?
- ✦ Wie bewegt sie ihre Arme? Sind die Hände in den Hosentasche, baumeln die Arme herunter, schlenkern sie durch die Gegend?
- ✦ Wie begrüßt die Person eine andere: mit Winken, Kopfnicken, einem Zeichen? Was sagt sie dabei, welche Stimme hat die Person?

Immer zwei Jungen im Raum haben dieselbe Rolle. Jeder soll versuchen seinen Partner zu finden, indem er schaut, wer sich so ähnlich bewegt. Wer glaubt den richtigen gefunden zu haben, kann ihn leise fragen, ob es stimmt.
Wenn alle ihren Partner gefunden haben, stellen sich die Pärchen noch einmal kurz vor, mit ihrem typischen Gang, ihrer typischen Haltung, der typischen Begrüßung. Die anderen müssen nun raten, welcher Menschentypus es sein könnte.

Typen-Wechsel (1. Teil)

Das braucht man

Schminke, Spiegel, Gel, Kamera

Zeitbedarf

45 Minuten

Vorbemerkung

Diese Übung können Sie unmittelbar an die Übung „Typen-Tausch“ einsetzen, umso mehr, als dabei bereits die verschiedenen Rollen und Paare gefunden wurden. Ansonsten können natürlich auch einfach noch einmal die Lose mit den Rollen gezogen werden. Es ist auch denkbar, dass die Jungen sich selbst Fantasiewesen ausdenken.
Wenn anwesende Erwachsene sich auch schminken, haben alle etwas mehr Mut anzufangen.

So geht es

Die Jungen schminken ihren Partner so, wie es ihrer Meinung nach zu der ausgewählten Rolle passt *(Schminktipps siehe 2. Teil)*. Vielleicht gibt es ja einen Fotografen des „Mars-Express“, der Fotos von all diesen „Menschen“ macht und einen Reporter, der einen spannenden Artikel dazu schreibt.

Karteikarte hier knicken und gegeneinander kleben

„GESCHLECHTER“

Typen-Wechsel (2. Teil)

Älter schminken kann man sich z.B. mit folgenden Tricks:

1) Fetthaltige Creme auftragen, damit die Schminke besser haftet und auch hinterher besser abgeht.
2) Hautfarbene Grundierung im Gesicht und auf die Hände, d.h. sichtbare Hautteile, also auch über Lippen, aber nicht über die Haare auftragen
3) Alle Stellen gegen zu starkes Glänzen zuerst pudern, dann abpinseln
4) *Für die Falten:* Gesicht verziehen lassen, Falten mit Kajalstift nachziehen, v.a. auf der Stirn, an den Nasenflügeln und Mundwinkeln. Die Falten laufen von der Nase zum Mund, von den Augen zu den Wangen. Alle Falten mit Ohrenstäbchen leicht verwischen, dann das Gesicht zusammenkneifen und mit hellerer Farbe über die hohen Gesichtspartien gehen; das verstärkt die Schattenwirkung.
5) Augenbrauen und Wimpern lassen sich mit Schläfenweiß einfärben. Die zu schminkende Person soll dabei starr geradeaus starren, damit die Wimpern stillhalten.
6) Die Haare kann man z.B. zum Scheitel kämmen; eventuell müssen sie mit Gel platt gemacht werden; ansonsten eignet sich aber auch graues bzw. weißes Haarspray.
7) Der Mund bekommt generell wenig Farbe, er bleibt blass. Für die Rolle als „alte Frau“ zieht man viele senkrechte dunkle Striche um den ganzen Mund, die Zwischenräume werden weiß unterlegt.

Mädchenwelten

Wie sind sie denn,
die Mädchenwelten?

Anders
als die Jungenwelten?

Anders
als Marsmenschenwelten?

Anders
als eure Welt?

Anders als das,
was ihr euch auch wünscht?

Zum Thema: „Mädchenwelten"

Bei den folgenden Übungen zu „Mädchenwelten" kommt es uns darauf an, das Wissen der Jungen über die Mädchen ganz allgemein zu erweitern. Oft wissen sie nur sehr wenig darüber, was die Mädchen in ihrer Klasse so machen, was sie sich wünschen oder gar wie sie überhaupt heißen. Wir denken, dass mit dem Wissen über die Mädchen auch die Neugier steigt, etwas mit ihnen zusammen zu machen und auf ihre Interessen einzugehen. Wenn die Jungen den gemeinsamen Spaß an den gleichen Spielen entdecken, ist ein wichtiger Schritt zur Überwindung der konfliktreichen Polarisierung von Mädchen und Jungen getan.

Mädchen-Quiz

Zeitbedarf

15 Minuten

Vorbemerkung

Das Spiel ist für Jungengruppen aus einer gemischten Gesamtgruppe gedacht. Die Jungen sollten also mit einer bestimmten Gruppe von Mädchen etwas zu tun haben. Andere Quiz-Formen wie „Montagsmaler" o.Ä. sind genauso gut geeignet. Anschließend kann die Übung „Mädcheninterview" folgen.

So geht es

Alle Mädchennamen aus der Gruppe werden auf Zettel geschrieben. Jeder Junge zieht einen Zettel und überlegt still für sich, was er über das Mädchen weiß und wie er sie beschreiben kann. Ein Junge beginnt. Ein Teilnehmer aus der Gruppe fragt ihn nach Merkmalen wie: „Hat sie braune Haare?" Die Fragen dürfen nur mit „Ja" oder „Nein" beantwortet werden. Bei einem „Nein" ist der nächste Junge mit Fragen an der Reihe, bis einer den Namen rät.

Wenn alle Mädchen der Gruppe geraten wurden:

- *Bei welchen war es schwieriger?*
- *Warum sind diese Mädchen nicht so bekannt?*

Mädchen-Interview

Das braucht man

Tonband, Notizblock

Zeitbedarf

45 Minuten

So geht es

Was wissen die Jungen eigentlich von den Mädchen in ihrer Klasse bzw. in ihrer Straße?

Wissen sie:

- ✦ ihre Namen?
- ✦ was sie gerne spielen?
- ✦ was sie gerne anziehen?
- ✦ wie sie wohnen?
- ✦ wie es ihnen geht?
- ✦ was ihnen Spaß macht?
- ✦ was sie ärgert?
- ✦ was ihnen Angst macht?
- ✦ was sie sonst noch so tun?

Wenn sie all das nicht wissen, warum sollen sie sie nicht gleich selber danach fragen? Also: Eine Liste gemacht (wer fragt wen?), Fragenkatalog aufgestellt, Notiz-Blöcke gezückt, Stifte gespitzt, Kassettenrecorder fit gemacht – auf geht's!

Jungengeschenke – Mädchengeschenke

Das braucht man

Spiele-Prospekte, Papier und Stifte

Zeitbedarf

30 Minuten

Vorbemerkung

Dieses Spiel und „Kaufhausbrand" können gut zusammen durchgeführt werden.

So geht es

Jeder Junge überlegt für sich: Was würde er verschenken, wenn er von einem Mädchen zum Geburtstag eingeladen wäre? Was würde er einem Jungen schenken?

Er soll nun die beiden Geschenke auf separate Blätter malen oder aus Spielzeugprospekten ausschneiden oder eine Collage anfertigen ...

Anschließend werden die „Geschenke" getrennt aufgehängt: „Spielzeug für die Freundin" – „Spielzeug für den Freund".

- Kann man beide Bereiche immer klar unterscheiden?
- Hättet ihr gerne selbst dieses Spielzeug?
- Gibt es Spielzeug, das nur für Mädchen bzw. nur für Jungen ist?

Ziel ist, dass den Jungen bewusst wird:

- ✦ Sie kennen das Spielzeug der Mädchen.
- ✦ Sie wissen auch, wie man damit spielt, weil sie es oft selbst tun (z.B. auch mit Barbie-Puppen!).
- ✦ Die Abwertung von so genanntem „Mädchenspielzeug" trifft sie oft selbst.

Kaufhausbrand

Das braucht man

Spiele-Wand, „Feuer“, evtl. Videokamera

Zeitbedarf

45 Minuten

So geht es

Heute ist der Gruppenraum ein Kaufhaus. Eine Wand, idealerweise ein Regal mit Spielzeug drin, wird zur Spielzeugabteilung, getrennt nach „Jungenspielzeug“- und „Mädchenspielzeug“-Ecke.

Großes Pech! In der Nacht zuvor ist die Abteilung mit dem „Jungenspielzeug“ leider abgebrannt! Ein großes „Feuer“ wird auf einen großes Papierbogen gemalt und davor geklebt.

Immer drei Jungen bilden eine Gruppe: Einer ist Verkäufer, einer der „Vater“ und einer der „Sohn“. Der Sohn hat Geburtstag und der Vater geht mit ihm ins Kaufhaus, um ein Geschenk zu kaufen. Der Verkäufer muss nun berichten, dass das Feuer leider eine Hälfte der Spielzeugabteilung zerstört hat. Was bleibt ihm übrig, er muss Vater und Sohn das „Mädchenspielzeug“ anpreisen. Und das tut er, so gut er kann: *Was man damit spielen kann, wie es geht, wie viele mitspielen können, ob es Spaß macht usw.?*

Jungenorte – Mädchenorte

Das braucht man

Fotos *(siehe Vorbereitung)*

Zeitbedarf

45 Minuten

Vorbereitung

Fotos von Orten, an denen sich sowohl Jungen als auch Mädchen aufhalten: Pausenhof, Bushaltestelle, Schulweg ...

So geht es

Die mitgebrachten Fotos können vom Pausenhof sein, von der Bushaltestelle, vom Schulweg, von einem Treffpunkt im Park etc. Vielleicht wollen die Jungen auch selbst eine Fotoreportage über „ihre Orte“ machen.

Zunächst werden die Fotos angeschaut und jeder Junge erfindet eine Bildunterschrift. Diese werden dann mit denen der anderen Jungen, mit einer eventuellen Original-Bildunterschrift oder mit eventuell von Mädchen vorgeschlagenen verglichen. *Gibt es Unterschiede in der Wahrnehmung? Wer hat vor allem worauf geachtet? Sind die Bildunterschriften der Mädchen nachvollziehbar?*

Was machen Mädchen eigentlich in der Mädchengruppe? (1. Teil)

Vorbemerkung

Die Trennung einer gemischten Gruppe in eine Jungen- und Mädchengruppe kann ganz verschiedene Reaktionen der Jungen nach sich ziehen: von gar keiner Reaktion bis Freude darüber, „die Mädchen los zu sein". Vielleicht reagieren die Jungen mit einer Mischung aus Neid und Neugier, weil die Mädchen einen eigenen Raum für sich beanspruchen und auch erhalten.

Eine jede solche Trennung bzw. jedes Arbeiten mit einer reinen Jungengruppe sollte berücksichtigen, dass die Trennung nur ein paradoxer Weg, aber nicht das Ziel der Arbeit zu Geschlechterbildern sein kann. Wenn sich also ein Anlass bietet, kann und sollte der Kontakt mit einer Mädchengruppe gesucht werden.

Die Stimmung ist erfahrungsgemäß aufgeladen. Anschließend sollte deshalb ein lebendiges Spiel durchgeführt oder gemeinsam getanzt werden.

Falls eine der Gruppen vorher deutlich sagt, dass sie auf eine gemischte Stunde keine Lust hat, sollte ein Treffen auch unterbleiben.

Karteikarte hier knicken und gegeneinander kleben

MÄDCHENWELTEN

Was machen Mädchen eigentlich in der Mädchengruppe? (2. Teil)

So geht es

Eine gemischte Stunde kann z.B. folgendermaßen gestaltet werden:
Die Gruppen haben sich getrennt vorbereitet und sich überlegt, was sie der anderen Gruppe zeigen und von ihr wissen wollen. Gleichzeitig haben sie sich darauf vorbereitet, selbst gefragt zu werden.

Mögliche Fragen

- Was sind eure Lieblingsspiele ?
- Was macht ihr in euren Stunden?
- Redet ihr auch über uns Jungs?
- Seid ihr froh, mal unter euch zu sein oder nicht?
- Woran liegt das?
- Uns geht es damit so, dass ...
- Warum ärgert ihr uns manchmal?
- Sprecht ihr in der Jungengruppe auch über uns Mädchen?
- Ist es für euch etwas Besonderes, ohne uns Mädchen zu sein?

Sexualität – Was soll man davon halten?

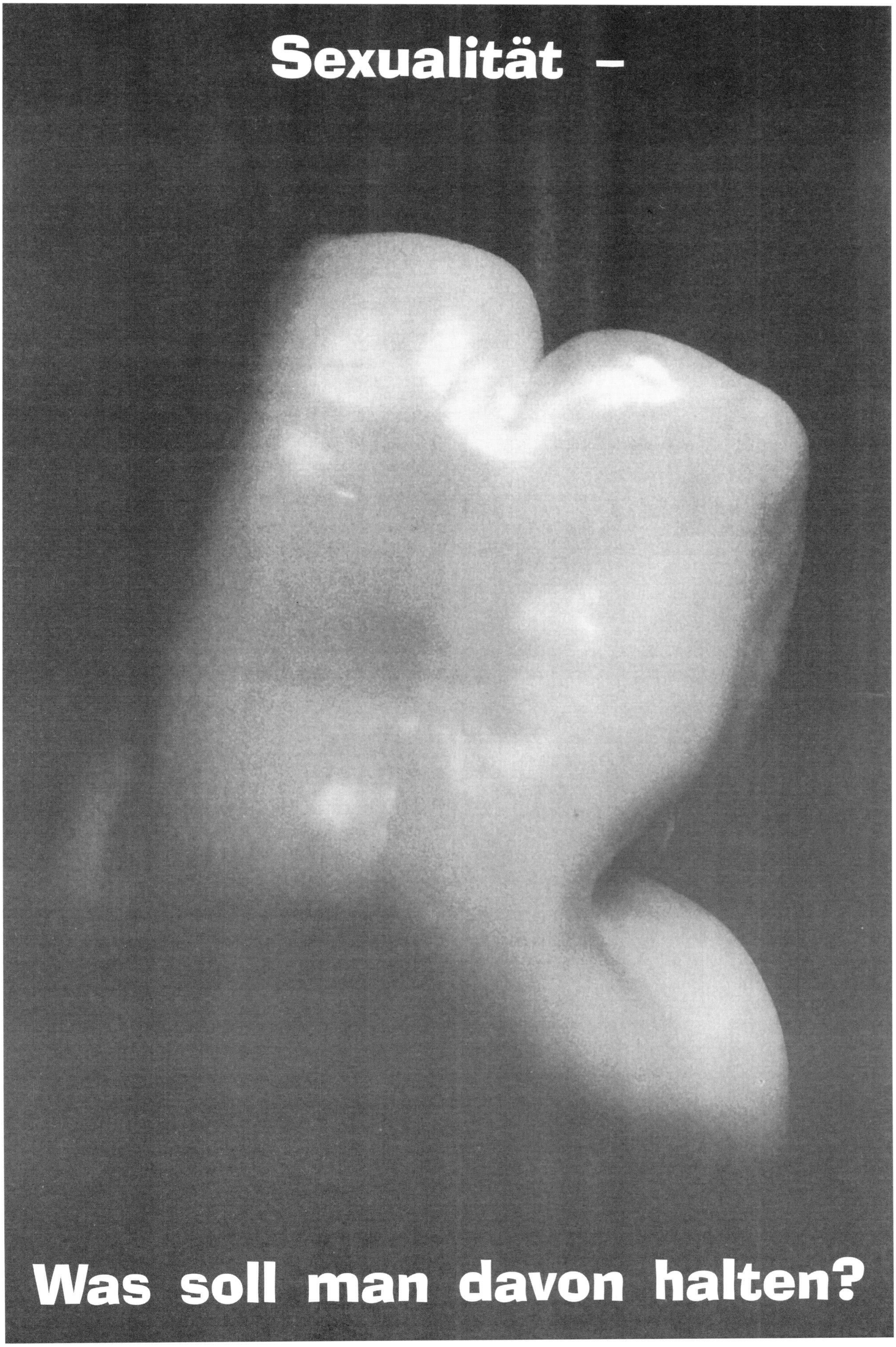

Foto mit freundlicher Genehmigung von Birgit Scholz

Zum Thema: „Sexualität“

Je nach Altersstufe und Gruppensituation dringt den Jungen die Neugier auf alles, was mit „Sex“ zu tun haben könnte, aus allen Poren. Sie äußert sich in Witzen, Schimpfwörtern, willkürlichen Anspielungen auf bestimmte Verhaltensweisen der Kursleiter, Fragen nach Verheiratet- oder Schwulsein und so weiter.

Wesentlich ist bei der Thematisierung von „Sexualität“ unseres Erachtens, dass dieses Thema in eine Reihe anderer Spiele und Übungen zu Gefühlen, zu Ängsten, zu Lust und Streit, zu Körpergefühl und Grenzen eingebettet ist.

In diesem Sinne verstehen wir die anderen Kapitel dieses Buches auch als Teil einer Auseinandersetzung mit „Sex“. Es können also z.B. Interviews mit Männern über ihre Lüste und Ängste beim Thema „Sexualität“ gemacht werden oder mit der Methode *„Fantasielandschaft“* eine „Lovestory“ entwickelt werden usw.

Die folgenden Übungen sowie das im Anhang aufgeführte *„Sexualitätsspiel“* sind vor allem für Jungen ab 12 Jahren – und gut vorbereitete AnleiterInnen – geeignet.

Analog zu dem Spiel *„Vorurteilswettbewerb“* (Seite 43) können Sie hier auch einen „Peinlichkeitswettbewerb“ durchführen lassen, bei dem die Fragen „Was ist beim Sex peinlich für Jungen?“ bzw. „... Mädchen?“ ausgespielt werden.

Wo fängt der „Sex“ denn an?

Das braucht man

Bild der Paprikaschote

Zeitbedarf

15 Minuten

So geht es

Das Bild der „Paprikaschote“ wird zum Bilderrätsel: Wer sieht was auf dem Bild? Erst am Ende wird – gegebenenfalls – verraten, dass es ein geschickt inszeniertes Foto einer Paprikaschote ist.
Anschließend können gemeinsam andere Fotos und Bilder, die „erotisch“ sind, gesammelt werden.

Folgende Fragen können besprochen werden:

- ✦ Ab wann ist ein Bild für den Betrachter ein „Sex“-Bild?
- ✦ Muss dazu nackte Haut zu sehen sein?
- ✦ Reicht es, wenn ein Bild an einen bestimmten Film erinnert?
- ✦ Was ist eigentlich Fantasie?
- ✦ Wie erkennen Männer und Frauen, wann ein möglicher Partner auch Lust auf Sex hat?
- ✦ Wovon hängt das ab?
- ✦ ...

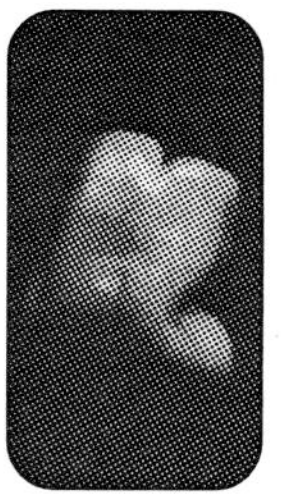

Heißer Stuhl

Zeitbedarf

15 Minuten

Vorbemerkung

Die folgende Übung ist für die Jungen eine gute Gelegenheit, einen Erwachsenen nach seinen Gefühlen, Ängsten, Erfahrungen zum Thema Liebe/Sexualität zu fragen. Nach unserer Erfahrung sind die Jungen regelrecht begeistert, wenn sich ein Erwachsener selbst auf den „Heißen Stuhl" setzt und etwas von sich erzählt.

So geht es

Der „Heiße Stuhl" ist ein Spiel, bei dem man einmal alle Fragen loswerden kann, die man schon immer stellen wollte, aber nie zu stellen wagte.

Ein Freiwilliger setzt sich auf einen Stuhl. Die anderen Jungen setzen sich im Kreis um ihn herum.

Nun können alle nacheinander jeweils eine Frage zu „Freundschaft, Liebe, Sexualität" stellen. Der Junge in der Mitte versucht möglichst alle Fragen zu beantworten. Wenn er bei Wissens-Fragen die Antwort nicht kennt, kann er sich von einem Jungen seiner Wahl helfen lassen.

Wenn eine Frage zu persönlich ist, kann er sagen „Zu heiß!"

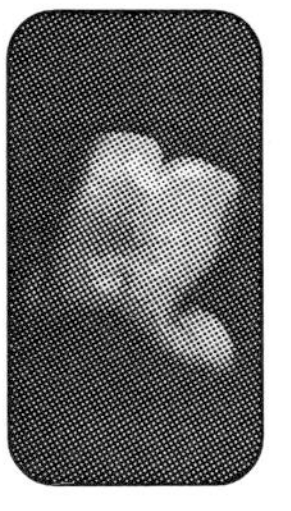

Miriam und Alex

Das braucht man

Geschichte *Miriam und Alex* (S. 76)

Zeitbedarf

30 Minuten

Vorbemerkung

Bei der folgenden Übung geht es darum, dass Sexualität oft mit Moralvorstellungen von Ehre, Treue, richtiger Liebe usw. verknüpft ist. Ziel der Übung ist es nicht, einen „richtigen" Moralkodex zu vermitteln. Eigene Vorstellungen sollten nicht als die „richtigen" dargestellt werden. Die Wirkung der Übung besteht gerade darin, dass sehr verschiedene individuelle Wertungen zu Stande kommen können. Die Jungen erkennen, dass andere Wertungen als die eigene oft genauso gut begründet sind.
Im Anschluss können sie gemeinsam über unterschiedliche Sichtweisen von Mädchen und Jungen reden, über religiöse und kulturelle Moralvorstellungen usw.

	Mutter	Steve	Restaurant-besitzer	Alex	Miriam
am besten					
ganz gut					
mittel					
schlecht					
total blöd					

So geht es

Lesen Sie zunächst die Geschichte vor. Anschließend erhält jeder Junge ein Blatt. Jetzt überlegt er nur für sich, welche der fünf Personen er „am besten", „ganz gut", „mittel", „schlecht" oder „total blöd" fand. Er schreibt sein Ergebnis auf.

Anschließend wird an einer Wandzeitung eine Tabelle erstellt:
Nun kann die Auswertung und anschließend eine Diskussion folgen.

Miriam und Alex

Es waren einmal eine junge Frau, die hieß Miriam und ein junger Mann, der hieß Alex. Beide waren vor kurzem bei ihren Eltern ausgezogen und lebten nun zusammen in einer Wohnung in einer großen Stadt.

Beide waren sehr ineinander verliebt, hatten aber nicht viel Geld. Als sie dann beide plötzlich ihre Arbeit verloren, wussten sie nicht mehr, wie sie ihre Miete bezahlen sollten.

Zunächst kratzten sie ihr Erspartes zusammen, gingen nicht mehr ins Kino und hofften, dass demnächst alles besser werden würde.

Doch es ließ sich einfach keine Arbeit finden.

In seiner Not begann Alex sich bei Freunden Geld zu leihen. Erst 200,-, dann 300,-, dann 500,- Mark, schließlich erzählte er Miriam gar nicht mehr, von wem und wie viel Geld er sich immer lieh. Er war aber immer öfter und immer länger weg, Miriam wusste gar nicht mehr so genau, was er so machte.

Sie selbst ging weiter jeden Tag auf Job-Suche, fragte in Geschäften und Restaurants nach Arbeit.

Eines Tages machte ihr ein Restaurantbesitzer folgendes Angebot: Er wolle ihr und ihrem Freund Arbeit verschaffen, aber nur, wenn sie mit ihm schliefe.

Miriam war entrüstet über dieses Angebot, weil sie den Restaurantbesitzer gar nicht liebte und nicht mit ihm schlafen wollte. Sie wies seinen Vorschlag zurück und ging weiter, um Arbeit zu suchen.

Als sie jedoch nichts fand und gar nicht mehr weiter wusste, ging sie zu ihrer Mutter und erzählte ihr von dem Angebot des Restaurantbesitzers.

Die Mutter antwortete: „Schau, Miriam, du bist jetzt groß genug, du musst deine Entscheidungen alleine treffen." Damit war das Thema für sie beendet.

Miriam dachte lange nach. Schließlich entschloss sie sich auf das Angebot des Restaurantbesitzers einzugehen. Denn sie wollte, dass alles wieder so wie früher werde, als Alex und sie noch verliebt und unbeschwert zusammen wohnten.

In der Nacht schlief sie mit dem Restaurantbesitzer. Der erfüllte sein Versprechen und gab ihr und kurz darauf auch Alex eine Arbeit.

Nach einigen glücklichen Tagen hatte Miriam das Bedürfnis, alles zu sagen, was vorgefallen war. Als er die ganze Geschichte gehört hatte, geriet Alex außer sich vor Wut. Er rief: „Was hast du getan? Ich kann nicht glauben, dass du das getan hast! Du hast mit dem Restaurantbesitzer geschlafen. Ich dagegen hab schon Ideen gehabt, wie wir unsere Schulden zurückzahlen könnten. Es hätte nicht mehr lange gedauert! Aber jetzt ist alles aus. Vergiss uns beide, ich will nichts mehr mit dir zu tun haben!"

Verzweifelt ging Miriam fort. Bitter weinend traf sie einen alten Schulfreund mit Namen Steve. Sie gingen in ein Café, wo sie ihm ihr Leid klagte.

Steve wurde immer empörter, hörte am Ende gar nicht mehr so richtig zu und ging zornig zu Alex, um ihn zu verprügeln.

Miriam folgte ihm, schaute von ferne zu, wie die beiden sich prügelten und begann zu lachen.

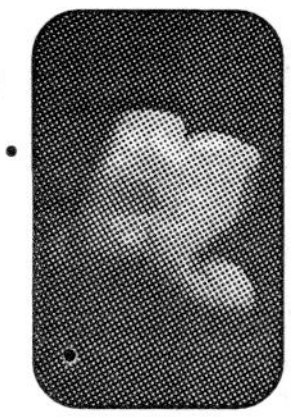

Das Sexualitäts-Spiel

Spiel-Vorbereitung

Spielplan:
Der Spielplan (S. 93/94) besteht aus zwei Teilen, die zusammengestzt eine DIN A3-Kopiervorlage bilden. Anschließend kann der Plan auf die Endgröße DIN A1 vergrößert werden (also z.B. auf vier Blätter von DIN-A3-Größe). So können bis zu 9 Spieler gut im Kreis darum sitzen.

Spielfiguren:
Gut geeignet sind Hütchen aus „Fang den Hut", weil man sie beim „Huckepack" gut stapeln kann. Weiterhin braucht ihr 23 Hindernissteine, z.B. von Malefiz-Spielen, und natürlich einen Würfel.

Frage- und Ereigniskarten:
Kopiert die Vorlagen auf stabilen Karton in zwei verschiedenen Farben.
Die Blankokarten (S. 89) sollten bis zu dreimal pro Spieler vorhanden sein. Jeder Spieler kann daruf anonym die Fragen zu Sexualität aufschreiben, die er/sie schon immer mal stellen wollte. Weiterhin müssen Zettel und Stifte für die **„Kontaktanzeigen"** (S. 79) bereitliegen.

Verpflegung:
Eine Packung mit Keksen sowie Kakao oder Tee sollten bereit stehen (siehe Liebestaumel).

Vorbemerkung

Wir haben mit dem Spiel in verschiedenen Altersstufen von 10 bis 17 Jahren gute Erfahrungen gemacht. Bei den Jüngeren kann man eventuell einige der Fragen zu Sexualität im eigenen Sinne herausnehmen. Wenn das Spiel mit einer Mädchengruppe oder gemischt gespielt wird, kann man einfach einige zusätzliche Fragen ergänzen. Dafür stehen die Blankokarten auf Seite 89 zur Verfügung.

Spielidee

Bei diesem Spiel können bis zu 9 SpielerInnen

- ihr Wissen über Liebe, Freundschaft und Sexualität erweitern,
- Fragen stellen, die sie schon immer stellen wollten,
- Antworten erhalten, die ihnen bis dahin noch nie in den Sinn gekommen sind.

Ziel des Spiels

Die SpielerInnen müssen versuchen, ihre Figuren mit Würfeln ins Ziel des Spiels zu befördern. Welchen Preis es dort gibt (z.B. ein Kondom), können alle vor Beginn des Spiels ausmachen. Dabei gibt es jedoch einige Hindernisse:

Die auf dem Spielplan verteilten Fragesteine sind zugleich Hindernisse, die aus dem Weg geräumt werden müssen, um ans Ziel zu gelangen.
Auf dem Weg lauert der so genannte Liebestaumel, der einen mit seinen Glücks- und Schwindelgefühlen gefangen halten kann.
Unvorhergesehene Ereignisse, von den Ereigniskarten angekündigt, können das nahe Ziel in weite Ferne rücken.

Aber es gibt auch andere Möglichkeiten: Wer sich mit jemand anderem zusammentut und **„Huckepack"** läuft, kommt doppelt so schnell voran, wenn auch nicht immer ans Ziel ...

Spielbeginn

Die Spielfiguren werden auf den Startfeldern, die Fragesteine auf den dunkel hervorgehobenen Feldern aufgestellt.
Die selbst geschriebenen Fragekarten werden zusammen mit den vorbereiteten Fragekarten gemischt und verdeckt auf das Fragezeichenfeld gelegt. Die Ereigniskarten werden gemischt und verdeckt auf das Feld mit dem Ausrufezeichen gelegt.

Spielverlauf

Gewürfelt wird reihum im Uhrzeigersinn.
Die Figur wird entsprechend der gewürfelten Augenzahl vor (oder auch zurück-) bewegt, es sei denn, ein Fragestein versperrt den Weg. Den Fragestein kann man nur wegräumen, wenn man

1) mit der genauen Augenzahl auf das Feld kommt, auf dem der Fragestein liegt,
2) die oberste Fragekarte zieht und beantwortet.

Wenn die Augenzahl das Feld mit dem Fragestein nicht direkt trifft, bleibt die Figur stehen. Wenn die Figur unmittelbar vor einem Fragestein steht, hat man jedoch drei Versuche, die benötigte Eins zu würfeln.

Hat ein Spieler das Feld mit dem Fragestein getroffen und die Frage beantwortet, kann er den Fragestein auf ein beliebiges Feld, also zum Beispiel den Mitspielern vor die Nase setzen.

Ausnahmen:

1) Um zu vermeiden, dass jemand schon ganz zu Anfang „eingemauert" wird, darf auf den ersten sechs Feldern jedes Spielers höchstens ein Fragestein stehen.
2) Auf die Rutschfelder darf ebenfalls kein Fragestein gestellt werden.

Kommt ein Spieler auf ein Feld mit einem Ausrufezeichen, liest er die oberste Ereigniskarte laut vor und richtet sich danach.

Wer zuerst das Ziel erreicht hat, hat gewonnen.

„Huckepack"

Trifft ein Spieler auf ein Feld, auf dem schon eine andere Figur steht, können sie bei beiderseitigem Einverständnis zu zweit weiterlaufen.

Das kann einige Vorteile bringen:

1) Man kann sich besser kennen lernen.
2) Man kommt doppelt so schnell voran, weil ab sofort die jeweiligen Würfe der beiden Spieler für beide Spielfiguren gelten.
3) Man kann die Fragen zu zweit beantworten.

Es lauern aber auch einige zusätzliche Gefahren:

1) Geteilte Freud – geteiltes Leid: Wenn der Huckepack-Partner sich in den Liebestaumel würfelt, fallen beide rein.
2) Einige Ereigniskarten halten besondere Überraschungen für Huckepack-Partner parat.

Huckepack kann jederzeit, aber erst nach einem gesetzten Wurf, von einem der beiden aufgelöst werden.

Der Liebestaumel

Wie im richtigen Leben kann es einen auch in diesem Spiel treffen wie ein Blitz: Man ist verliebt, denkt an nichts anderes mehr, bewegt sich nur noch im Taumel der Liebe.

Auf diesen Feldern verliert man den Boden unter den Füßen und rutscht ans andere Ende. Die Rutschen funktionieren in beide Richtungen: Je nachdem, von wo die Spielfigur kommt, tiefer hinein oder wieder heraus. Wenn man Pech (oder Glück?) hat, rutscht man immer tiefer, von Innenkreis zu Innenkreis, bis ins Bodenlose. Wer diesen endgültigen Zustand erreicht hat, mag glücklich oder verzweifelt sein, er bleibt da, bis eventuell … siehe bei **„Dreierbeziehung"**.

Diese bitter-süße Erfahrung wird pro Spielzug mit einem Keks und einem Schluck Kakao oder Tee versüßt. Wenn man Glück (oder Pech?) hat, rutscht man aber wieder in die harte Realität zurück und muss wieder am Rennen um den Sieg des Spiels teilnehmen.

Wartesaal zum großen Glück

In den beiden Wartesälen läuft man in Pfeilrichtung immer im Kreis herum, bis man mit seiner Spielfigur genau den Ausgang trifft. Hier hat man Zeit, sich über seine Gefühle zu sich und zu anderen klar zu werden.

Der Spieler muss hier eine Kontaktanzeige entwerfen, mit drei Eigenschaften, die er an sich mag, und dreien, die er sich bei anderen wünscht.

Wenn der Spieler als Einziger in einem Wartesaal ist, zeigt er seine Kontaktanzeige einem Spieler seiner Wahl und bietet ihm Huckepack an. Dieser kann annehmen oder ablehnen. Nimmt er an, wechselt der Spieler aus dem Wartesaal zu seinem neuen Partner. Lehnt er ab, ist die Chance für den Spieler in der Warteschleife vertan, er muss sich eine Runde gedulden.

Sobald zwei einzelne Spieler in den Wartesälen sind, müssen sie ihre Kontaktanzeigen austauschen und für mindestens eine Runde Huckepack machen.

Wer sich schon im Huckepack bewegt, zeigt dem anderen seine Anzeige und fragt ihn, ob er immer noch weiter den Weg mit ihm fortsetzen will. Willigt der ein, geht es sofort wieder raus aus dem Wartesaal.

Dreierbeziehung

Achtung: Wenn sich jeweils ein einzelner Spieler im linken und im rechten Wartesaal und am Endpunkt des Liebestaumels befinden, müssen sie sich gegenseitig zu einer Dreierbeziehung ergänzen. Dafür dürfen sie direkt zu dritt auf das 3er-Feld vorrücken.

Kontaktanzeige

Ich mag an mir besonders:

Ich mag bei anderen besonders:

Kontaktanzeige

Ich mag an mir besonders:

Ich mag bei anderen besonders:

Ist Sex = Liebe?

Gibt es Leute, die keinen Sex haben wollen?

Kann man mit mehreren Menschen Sex machen?

Ist Sex immer freiwillig?

Können Männer auch Männer heiraten?

Können aus dem Penis Samen und Urin zur gleichen Zeit fließen?

Kann man beim Sex mittendrin aufhören?

Nenne vier Verhütungsmethoden!

Gibt es auch Kondome für Frauen?

Was ist ein „Vorspiel"?

Was ist die beste Tageszeit für Sex?

Welche Informationen auf dem Kondom musst du unbedingt beachten?

Sind Menschen laut beim Sex? Und welche Geräusche machen sie?

Wodurch kann man AIDS bekommen?

Wie lange muss es mindestens dauern?

Was ist Analverkehr?

Kann man erkennen, ob jemand heterosexuell ist?

Welche Körperflüssigkeiten spielen beim Sex eine Rolle?

Ist Geschlechtsverkehr immer gleich Kinder zeugen?

Was glaubst du, wer beim Sex mehr Spaß hat? Mädchen oder Jungen?

Sind Sex-Schimpfwörter besonders schlimm?

Wer bestimmt, was beim Sex passiert?

Was bedeutet für dich das Wort „Erotik“?

Wozu braucht man ein Kondom?

Gibt's Mädchen, die keine Lust auf Jungen haben?

Was ist ein nächtlicher Samenerguss?

Was ist Bisexualität?

Ist man irgendwie krank, wenn man drei oder mehrmals am Tag onaniert?

Brauchen Männer mehr Sex und Frauen mehr Liebe?

Was bedeutet „französisch" im Sex?

Machen Mädchen auch Selbstbefriedigung?

Sind Tunten immer schwul?

Muss man sich zum Sex ausziehen?

Kann man erkennen, ob jemand schwul ist?

Ist es beim Sex peinlich, nackt zu sein?

Wozu benutzen manche zum Kondom ein Gleitmittel? Worauf muss man unbedingt dabei achten?

Was passiert beim Zungenkuss?

Wie viele Verhütungsmittel schützen vor Schwangerschaft und AIDS?

Was machst du, wenn du merkst, dass du das Kondom falsch herum auf deine Eichel aufgesetzt hast ?

Sieht man in Pornofilmen, wie Sex richtig geht?

Du hast das erste Mal Selbstbefriedigung gemacht und weißt nicht, ob du dich schämen musst. Was machst du?

Was ist ein Diaphragma und was sind seine Vor- und Nachteile als Verhütungsmittel?

Welche Nachteile haben chemische Verhütungsmittel wie Zäpfchen?

Was hat der manchmal so genannte „Glückstropfen“ mit Verhütung und AIDS zu tun?

Was spricht gegen die Spirale als Verhütungsmittel?

Was ist ein Tampon?

Ist Selbstbefriedigung unnormal?

Wie oft haben Mädchen ihre Regel?

Nach 10 Jahren triffst du einen Schulfreund, der mit einem dicken Auto vorfährt. Doch du willst wissen, ob er glücklich ist. Was fragst du ihn?

Deine ältere Schwester hat ihren ersten Freund. Dein Vater verbietet ihr auszugehen und sagt zu dir: „Pass auf sie auf.“ Wie verhältst du dich?

Du machst eine Ausbildung. Dein Chef dort ist eine Chefin. Ist dir das egal?

Du bist mit einer Frau zusammen, die mehr Geld verdient als du. Wie fühlst du dich?

Wer soll dir helfen, wenn es dir dreckig geht?

Du findest ein Mädchen wahnsinnig interessant. Was machst du, um in Kontakt zu kommen?

Du willst deinem besten Freund etwas schenken. Dürfen die anderen das mitbekommen?

Du weißt, dass zwei Jungs aus der Klasse dich für schwul halten. Was machst du?

Was machst du mit
deinem besten Freund?

Du und deine Freundin
bekommen ein Kind.
Würdest du weniger arbeiten
und auch weniger Geld verdienen,
um mehr Zeit für das Kind zu haben?
Oder mehr arbeiten, um mehr Geld
für euch und das Kind zu haben?

Dein Freund hat einen
Knubbel am Hoden und
macht sich Sorgen.
Was rätst du ihm?

Ein Junge, den du nicht
leiden kannst, verliebt sich in
das gleiche Mädchen wie du.
Was machst du?

Du hast die Wahl
zwischen einer Clique
mit 8 Jungen und 2 Mädchen
oder mit 8 Mädchen
und 2 Jungen.
Wo willst du sein?

Du siehst, wie ein
anderer Junge, den du kennst,
einem Mädchen an die
Brust fasst, um es zu ärgern.
Was machst du?

Du findest ein Mädchen
geil und möchtest
gerne Sex mit ihr haben.
Was machst du?

Bist du schon mal
neidisch auf eine enge
Freundschaft zwischen
Mädchen gewesen?
Wenn ja, warum?
Wenn nein, warum?

Du glaubst, du bist der Einzige von deinen Freunden, der noch nicht mit einem Mädchen geschlafen hat. Was machst du?

Dein Freund steht unter der Dusche. Plötzlich siehst du, dass er einen Steifen hat. Was machst du?

Wann bist du unglücklich?

„Männer müssen frei sein, Frauen müssen treu sein“! Was denkst du?

Du stehst im Männerklo am Pinkelbecken. Jemand anderes kommt herein und stellt sich direkt neben dich ans nächste Becken. Du kannst nicht mehr pinkeln. Was machst du?

Beim ersten Mal muss der Mann viel Erfahrung haben und die Frau noch Jungfrau sein. Was denkst du?

Frauen, die sich sexy anziehen, sind selber Schuld, wenn Männer sie dann begrapschen. Was denkst du?

Warum gehen vor allem Männer zu Prostituierten?

FRAGEKARTEN

Im Freibad will dein Freund mit dir zusammen ein Mädchen ins Wasser werfen. Das Mädchen schreit: „Nein, haut ab!“ Dein Freund sagt zu dir: „Los, komm schon, die meint das doch nicht so!“ Was machst du?

Kennst du einen Film, in dem am Ende die Action-Heldin einen Mann rettet?

Dein Freund sagt: „Ich mach am besten alles alleine, dann gibt's auch keine Probleme.“ Was denkst du?

Küssen an sich findest du gar nicht schlecht. Aber dein Freund wird immer von Tante Erna auf die Backe und von Onkel Rolf auf die Stirn geküsst, obwohl er das doof findet. Was rätst du ihm ?

Du glaubst, du könntest im Leben alles alleine machen. Für diesen Größenwahn musst du mit dem Spieler Huckepack machen, der gerade Letzter ist.

Deinem Huckepack-Partner geht es schlecht. Aber du sagst: „Lass mich bloß in Ruhe!“ Dafür musst du einmal aussetzen.

Nenne drei Probleme, die es bei der Benutzung der Pille als Verhütungsmittel für Frau oder Mann gibt. Rücke dann ein Feld vor.

Ein Freund von dir hat sich in ein Mädchen verliebt. Du bist neidisch und machst dich über ihn lustig. Gehe zur Strafe 3 Felder zurück.

Du hast dich in ein Mädchen verliebt und neckst und ärgerst sie, um Kontakt zu bekommen. Sie sagt, dass sie in Ruhe gelassen werden will. Doch du machst weiter. Du musst eine Runde aussetzen.

Du bist mit deiner Freundin zusammen und hast nur noch Augen für sie. So vernachlässigst du deine Freunde. Alle anderen außer dir dürfen 2 Felder vor.

Du denkst, dass Menschen, die AIDS haben, selbst Schuld sind, weil sie zu viel Sex hatten. Setze eine Runde aus und frage jemanden nach deiner Wahl, warum das falsch ist.

Du stehst unter der Dusche und hörst, wie ein Junge zu einem anderen Jungen sagt: „Iiii, ist der aber klein.“ Was ist deine Antwort darauf? Du sagst sie laut und ziehst 2 Felder vor.

Du hältst einen Tampon für ein Verhütungsmittel.
Setze eine Runde aus und frage jemanden, der dir sagen kann, wozu er da ist.

Du hast dich in einen Jungen verliebt und traust dich, es ihm zu sagen.
Gehe 3 Felder vor.

Du beschimpfst einen Mitschüler als schwul.
Zur Strafe darfst du für die nächsten drei Mal keine 6 mehr setzen, wenn du eine würfelst.

Du glaubst, dass man AIDS auch im Schwimmbad bekommen kann.
Setze eine Runde aus und überlege, warum das falsch ist.

Der Huckepack wird euch zu schwer.
Ihr müsst eine Runde Pause machen.

Du bist als Pärchen zusammen und verbietest deiner Freundin oder deinem Freund, sich mit anderen zu treffen. Das lässt sich dein Partner nicht gefallen und trennt sich von dir.
Du musst eine Runde aussetzen und über deinen Fehler nachdenken.

Du denkst beim Sex:
Soll die Frau doch schwanger werden, sie kann ja hinterher abtreiben.
Für diesen komplett dummen Gedanken musst du fünf Felder zurück.

Du hast dich in ein Mädchen verliebt und traust dich, es ihr zu sagen.
Gehe 3 Felder vor.

Mache laut drei verschiedene Geräusche, die Menschen beim Sex machen.
Gehe dann drei Felder vor.

Nur, wenn du gerade im Taumel der Liebe bist: Du hast Pech, denn dein Freund oder deine Freundin haben sich von dir getrennt.
Du musst zum nächsten Rutsch-Feld und dich ab der nächsten Runde wieder auf dem Weg zum Ziel abrackern.

Nenne einen möglichen Vorteil von Bisexualität.
Gehe ein Feld vor.

Würfel noch einmal: Bei einer geraden Zahl kannst du drei Felder vor, bei einer ungeraden Zahl musst du drei Felder zurück, auch über Hindernisse.

Du kannst eine Frage an eine Person deiner Wahl stellen.
Wenn du mit der Antwort zufrieden bist, könnt ihr beide ein Feld vor.

Du machst öfters was mit Mädchen zusammen.
Und du traust dich, davon zu erzählen, auch wenn andere Jungen dich auslachen.
Für deinen Mut gehe drei Felder vor.

Du findest, das beste Verhütungsmittel ist „aufpassen und rausziehen".
Setze eine Runde aus und frage deinen rechten Nachbarn, warum das falsch ist.
Wenn der das nicht falsch findet, muss er auch eine Runde aussetzen.

Zwei Mädchen, die du kennst, wollen mit dir und deinen Freunden mal zusammen Fußball spielen. Du gehst mit ihnen zusammen zu den anderen Jungen und setzt das durch.
Zur Belohnung drei Felder vor.

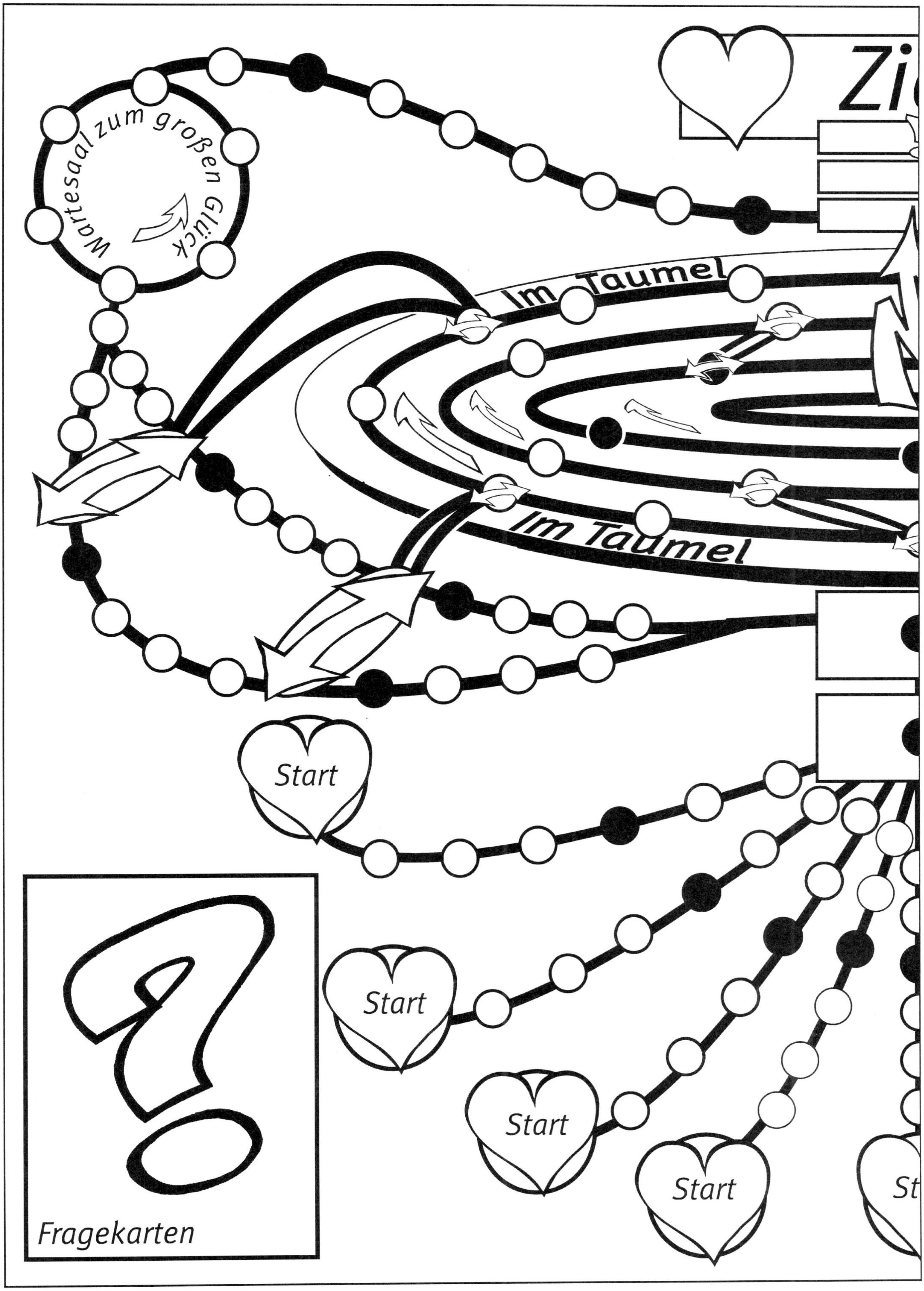
Zi
Wartesaal zum großen Glück
Im Taumel
Im Taumel
Start
Start
Start
Start
St
Fragekarten

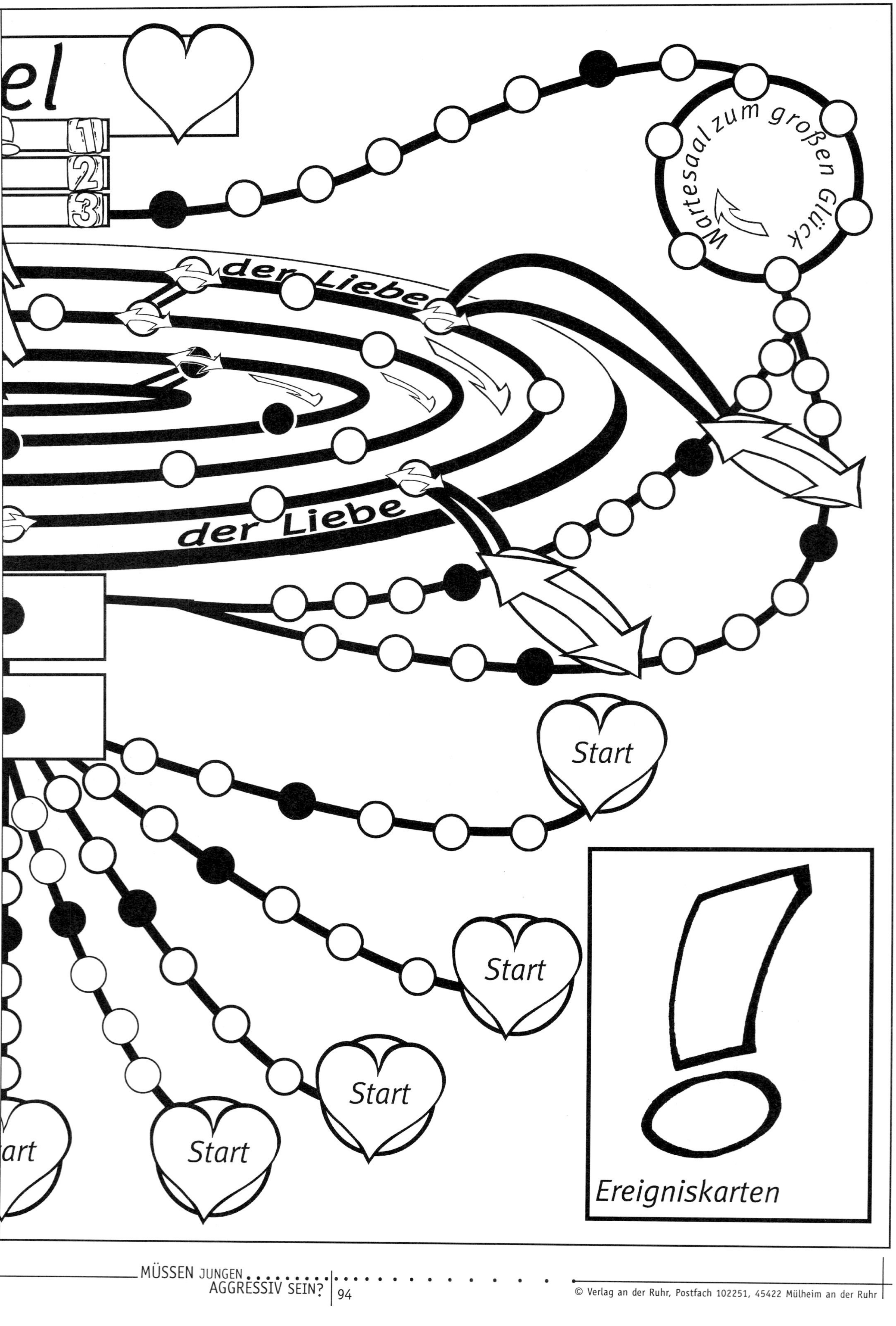

Hier den Spielplan „1. Teil" aufkleben

Erfahrungen

Leider können wir an dieser Stelle nicht schreiben: „Unsere Erfahrungen der letzten Jahre lassen den eindeutigen Schluss zu, ...". Denn so eindeutig sind sie leider nicht. Im Folgenden haben wir Ihnen ein paar Mosaiksteinchen aus der Innensicht der an den Kursen beteiligten aufgeführt.

Kalle fragt:

„Und die Kursleiter, was sind das für welche? Tja, bei den beiden wird mir auch nicht klarer, was wir hier machen. Sie haben gesagt, dass wir spielen werden und reden, und zwar nur mit uns Jungs, weil, manche Sachen könnte man besser ohne Mädchen bereden. Das is mir doch eh klar. Und wir hätten bei bestimmten Themen bestimmt Angst offen zu reden, wenn die Mädchen dabei wären und dass wir über Probleme reden könnten – ich kenn die beiden doch gar nicht! Und unsere Streits besprechen und verändern könnten, na ja. Und dann hat der eine noch gemeint, dass wir ja später auch zu Männern würden, und dann kam so 'n komisches Wort, Patscharat oder so. Und dass wir in dem Kurs lernen könnten, uns nicht immer wie ein typischer Junge oder Mann verhalten zu müssen, dass Männer z.B. auch weinen dürften und sich schön berühren könnten. Wenn das mein Vater hören würde!

Und dass die Mädchen nicht dabei sind, ja, dass die Mädchen nicht dabei sind, ... ach, ich weiß auch nicht, was die sich dabei denken."

Haiko erzählt:

„Heute hatten wir wieder Jungenkurs so was von ungerecht ist das! Wir waren im blöden Klassenraum der 3b und die Mädchen durften ins Spielzimmer. Sie durften dort sogar die Boxhandschuhe benutzen. Und das Schärfste war, auf dem Schulhof durften die sogar auf den verbotenen Hügel. Die beiden Frauen standen einfach nur daneben und haben nichts gesagt. Wir Jungen standen am Fenster und haben uns natürlich darüber aufgeregt. Da guckten die beiden Erzieher echt ratlos aus der Wäsche und haben gesagt, wir sollen den Mädchen doch auch mal den Pausenhof gönnen. Und dass die beiden Frauen bestimmt nicht wüssten, genau wie sie selbst, dass der Hügel verboten sei. So 'n Quatsch, das wissen doch alle hier, von nix 'ne Ahnung haben die!"

Omar erzählt:

„Aber bei Sascha ist die Sache ja wirklich sonnenklar, der fängt immer an mit Treten und so. Und deshalb wollten wir heute Gericht über ihn machen, 'nen echt fairen Prozess, mit Anklage, Jury und sogar 'nem Verteidiger, Fred hätte das gemacht. Und hinterher hätten wir ihn verprügelt.

Und was meinten die beiden Kurslehrer? Haben ihn beschützt und gesagt, dass das hier in der AG nicht laufen würde. Der Prozess sei unfair, wir hätten unser Urteil ja schon fertig und außerdem könne man Probleme nicht lösen, indem man Leute einfach aus der Gruppe wirft. Außerdem hätte Sascha heute gar nix gemacht, sondern Toni hätte ihn zu Beginn der AG bei der Massage heimlich getreten. Na und? Hat der doch auch verdient! Was der allein letzte Woche gemacht hat, das kriegen die beiden Kurslehrer doch gar nicht mit, die sind doch nur einmal die Woche da! Und dann schützen sie die, die sowieso immer im Brennpunkt stehen. Und wer schützt uns vor Sascha? Morgen wird er verkloppt! Und wenn er seinen Bruder aus der 6b holt, geht mein Papi zum Direktor!"

David erzählt:

„Puh, heute Morgen habe ich noch einmal Glück gehabt. Die Teetasse umgestoßen und nichts eingefangen dafür. Jetzt muss ich schnell zur Schule, heute haben wir wieder die Spielstunde mit den beiden komischen Lehrern. Warum sagen eigentlich immer alle, dass ich dauernd schlage: meine Eltern, die Mitschüler, die Lehrerin – stimmt doch gar nicht. Ich werde immer geschlagen. Was kann ich denn dafür, wenn die anderen immer anfangen? Dieses Anti-Klopp – Projekt klappt eben

nur manchmal. Wenn wir zum Beispiel eine Fantasiereise machen, schaffe ich es sogar total ruhig zu sein. Aber wenn beim nächsten Mal wieder fast alle kloppen, mische ich auch mit. Der Stefan haut dann sogar mit seinem eigenen Kopf gegen den Tisch. Kann ich zwar ganz gut verstehen, aber ich klopp lieber auf andere. So wie gestern bei Christoph. Da hau ich halt einfach rein und hab am Ende nicht mal mitgekriegt, dass der schon geblutet hat. Ist wie ein Bildausfall im Fernsehen.
Einmal haben wir Theater gespielt, das war super toll. Wir haben meinen letzten Streit mit der Mama nachgespielt. Da hat Mama mir ein paar Mal ins Gesicht geschlagen. Jetzt durfte ich die Mama spielen. Danach haben wir darüber geredet, wie's hätte anders laufen können. Ham's ja auch recht, die beiden Lehrer. Aber manchmal hau ich halt."

Martin erzählt:

„Heute waren wieder die beiden Uni-Reporter da. Zeigen einem Bilder und stellen so komische Fragen, wen ich zu meinem Geburtstag einlade. Meine Freunde natürlich! Und ob ich jetzt weniger haue, seit ich in dem Jungenkurs von Jens und Klaus bin. Zum Glück hatte der Kurs wenig damit zu tun! Zu Anfang hieß es ja, wir sollten alle in die Anti-Gewalt AG gehen, wir hätten's ja nötig. Aber die beiden waren gar nicht so drauf, mit Strafen oder Noten geben und so. Wir haben ja eher dauernd irgendwas gespielt, gebastelt, viel Quatsch gemacht. Und wir haben sie sogar ganz gut rumgekriegt, immer mal wieder Fußball zu spielen. Das darf aber so wohl nicht rauskommen.

Jedenfalls habe ich natürlich angekreuzt, dass ich viel weniger haue als vorher, schließlich weiß ich ja schon länger, dass Erwachsene Hauen doof finden, zwischen uns Kindern jedenfalls. Dabei geht 's doch meistens nur darum, dass man sich schließlich auch nicht alles gefallen lassen kann, und deshalb kriegt Kalle gleich auch noch 'ne Abreibung, für letzte Woche!"

Jean erzählt:

„Heute war was los! In der Jungen AG haben wir zwei Bilder von Jungs gehabt, mit 'nem echten Pillermann dran! Wenn das die Mädchen gesehen hätten! Und dann sollten wir mit Rot und Grün markieren, wo Berührungen schön und wo sie unangenehm sind. Toni hat sich echt getraut und seinen roten Zettel auf den Pillermann gelegt! Ich hab ja eher an Tante Gerlinde gedacht, die mich immer ansabbert beim Küssen und meine rote Karte auf die Backe gelegt. Für meine grüne ist mir ja eigentlich nichts eingefallen, hab ich einfach auf den Haufen auf dem Bauch gelegt, wo schon welche lagen.

Und dann haben wir alle 'nen besoffenen Penner gespielt, der 'nen anderen auf der Parkbank ansabbert, und der muss irgendwie Nein sagen oder es zeigen. War echt 'ne gute Action-Übung, Steve ist voll auf Helmut drauf und hat ihn abgeknutscht wie 'nen Schwuler.

Hinterher meinten die beiden, wir nennen die ja manchmal Spielonkels und die lachen dann, wir sollten ruhig Nein sagen, wenn uns was stört. Ich bin ganz rot geworden, als ich erzählt hab, dass ich mich nicht traue, Tante Gerlinde Nein zu sagen, plötzlich war's auch ganz still, aber keiner hat gelacht."

Stefan erzählt

„Toni, Alex, Steve und Botschida haben wieder alles versaut! Heute hatten wir ausnahmsweise mit der Mädchen AG zusammen und durften unsere Lieblingsspiele vorführen. Wir Jungen konnten uns mal wieder nicht einigen. Ich wollte so gerne die Stille-Post-Massage machen und dabei Martina den Rücken massieren, aber die vier schrien nur: „Iiii, die Mädchen!". Nach der ganzen Diskussion war unsere Zeit, unsere Fragen an die Mädchen aufzuschreiben, schon vorbei. Jedenfalls waren die Mädchen viel besser vorbereitet und haben uns zwei super Spiele gezeigt.
Als die Mädchen uns fragten, ob wir uns auch über sie unterhalten würden, schrie Steve nur, klar, aber das ginge sie nichts an. Toni

wollte jetzt unbedingt tanzen. Bis die Musik endlich eingeschaltet wurde, gab es noch ein heilloses Durcheinander. Auch das gute Zureden der vier Erwachsenen hat nicht geholfen. Letztendlich war es dann so, dass die Mädchen alleine getanzt haben, Alex und Steve sich in ihrer selbst gebauten Festung aus Tischen versteckten und ich von einer Ecke aus den Mädchen zu geguckt habe. Wenn ich auch getanzt hätte, hätte ich ja nur blöde Sprüche bekommen. Überhaupt finde ich die Trennung in Jungen und Mädchengruppen echt blöde. Bei uns ist es oft tierisch laut und die beiden AG Lehrer bestrafen die Lauten auch gar nicht. Nur ganz selten schmeißen sie die raus, meistens teilen sie uns dann in Gruppen auf. Der eine Lehrer macht dann was mit uns und der andere mit den anderen. Zum Glück sind die ja zu zweit."

Chak und Henryk flüstern:

— Hey Chak, glaubste, sie sind's?
— Klar, glaub ich schon.
— Und warum glaubstes?
— Weil, guck mal, wie die sich bewegen, und der eine, der leckt sich immer so über die Lippen, und das machen so doch nur die Schwulen immer. Wenn sie geil sind!
— Aber glaub'ste, die wollen uns anmachen?
— Nee, die sind schon in Ordnung, aber vielleicht gibt's ja auch harmlose Schwule, oder nette?
— Soll'n wir sie mal fragen?
— Klar, mach doch.
— Ich, wieso ich?
— Ich bin mir doch eh sicher. Dann haben die beiden doch letzte Stunde auch noch zugegeben, dass sie immer noch heulen, wer tut das dann in dem Alter noch außer Schwule? – Hey, da sind die beiden ja schon, komm, jetzt kannste sie ja fragen ...

(90 Minuten später ...)

— Hätteste das gedacht, sind gar nicht schwul, aber dass sie gar nichts gegen Schwule hätten. Und dass sie glauben, wir hätten ganz wenig Ahnung von Schwulen.

— Find ich echt cool, dass wir jetzt Fragen aufschreiben können, was uns an Schwulen interessiert. Die wollen sie dann ihrem schwulen Freund zeigen. Ob der uns dann 'nen Brief schreibt?

Ideen zur Selbstfortbildung

Wenn Sie die Möglichkeit haben, sich mit Kolleginnen und Kollegen über Jungenarbeit auseinander zu setzen, können Sie unsere folgenden Vorschläge als Hilfestellung aufgreifen. Alle Themen und Fragen sind sehr persönlich. Die Runde muss also ein hohes Maß an Vertrauen, Freiwilligkeit und Einfühlungsvermögen entwickeln. Die Beachtung von Grenzen, die jemand formuliert, ist sehr wichtig.
Dennoch halten wir es für wichtig, sich diese Fragen zu stellen, es sind zum einen auch die (vielleicht unbewussten) Fragen der Jungen und zum anderen entsteht über die Neugier auf die eigenen Antworten auch die beste Motivation, weiter Jungenkurse zu machen!

Brainstorming zu Schlagwörtern

Schreiben Sie auf eine große Wandzeitung folgende Begriffe auf:
Gewalt, Geschlecht, Schule, Jugendzentrum, Straße, Patriarchat
Assoziieren Sie spontan, was Ihnen dazu einfällt. Eine Person schreibt die Begriffe auf, ordnet sie nach persönlichem Empfinden. Anschließend werden Verbindungslinien, Pfeile, Doppelpfeile usw. gezogen, die Zusammenhänge ausdrücken sollen.

Postkartenspiel

Sammeln Sie Bilder, Postkarten, Fotos aus Illustrierten etc. mit FilmschauspielerInnen. Je mehr unterschiedliche Männer- und Frauenbilder zusammenkommen, desto besser.
Legen Sie alle auf einen Tisch. Jeder sucht ein Männer- und ein Frauenbild aus:

- *„Wer wäre meine Lieblingskollegin/mein Lieblingskollege?"*
- *„Wen wollte ich auf keinen Fall als Kollegen oder Kollegin haben?"*
- *„Woran liegt das?"*

Wie war das früher ?

Fotos von verschiedenen Lebensphasen – eine gute Möglichkeit, über die eigene Sozialisation zu reden:

- ✦ Existierte jeweils eine klare Vorstellung vom eigenen Geschlecht?
- ✦ Gab es einen Druck durch gesellschaftliche Geschlechtserwartungen?
- ✦ Gab es bestimmende Ereignisse für die Sozialisation zum Jungen bzw. Mädchen?
- ✦ Gab es männliche Vorbilder? Was war daran das Vorbildliche?
- ✦ Gab es eine geschlechtsspezifische Erziehung?
- ✦ Wie war jeweils das Verhältnis zu anderen Jungen und Mädchen?
- ✦ Wie waren die Beziehungen zu Vater und Mutter, zu den Geschwistern?
- ✦ Gab es Zärtlichkeit und Liebesgefühle zum eigenen Geschlecht?
- ✦ Hätten Jungen- oder Mädchenkurse Auswirkungen auf die eigene Sozialisation gehabt?
- ✦ Was hätte man sich von solch einem Kurs gewünscht?
- ✦ Was hätte vielleicht Angst erzeugt?

Partner-Interview zur Jungenarbeit

Je zwei Partner stellen sich gegenseitig Fragen zur Jungenarbeit. Anschließend stellen sie sich gegenseitig der Gruppe vor. Mögliche Fragen:

- ✦ Was ist an der Arbeit mit Jungen schwierig?
- ✦ Was sind Alltagsprobleme von Jungen: in der Schule, auf der Straße, zu Hause ...?
- ✦ Was brauchen Jungen?
- ✦ Wie wünschen wir uns Jungen?
- ✦ Was soll Jungenarbeit erreichen?
- ✦ Welche Qualitäten sollten Jungenarbeiter haben?
- ✦ Welchen Nutzen kann Jungenarbeit haben: für Mädchen und für Jungen?

Rollenspiele zu Geschlechtern

Spielen Sie Rollenspiele zu Verhaltensweisen in geschlechtsspezifischen Situationen selbst durch. Eine Video-Aufnahme ist oft eine gute Hilfe für das Gespräch hinterher: Wie lösen Sie geschlechtsspezifische Probleme? Wie geht es Ihnen dabei? Wie wirkt das Spiel auf die ZuschauerInnen?

Folgende Rollenspiele dienen als Anregung:

Im Sportunterricht:
Ein Mädchen ruht sich aus, ein Junge kommt zum Lehrer und beschwert sich, dass das Mädchen für die gleiche gelaufene Zeit bessere Noten beim Laufen bekommen hat. Er findet das ungerecht.

Auf dem Pausenhof
Ein Mädchen verhaut kräftig einen Jungen. Der läuft zur Pausenaufsicht, einer Lehrerin. Der Schuldirektor steht eventuell passiv an der Seite.

Auf der Jungentoilette
Das Mädchenklo ist völlig kaputt. Ein Lehrer muss einem Mädchen und einem Jungen erklären, dass das Jungenklo solange gemischt benutzt werden muss.

Im Kaufhaus
Ein Vater geht mit seinem Sohn ins Kaufhaus, um ein Geburtstagsgeschenk zu kaufen. Dort erklärt der Verkäufer, dass die „Jungenabteilung" leider abgebrannt ist. Er preist dagegen das „Mädchenspielzeug" an.

✦ *Adloff, Peter:*
Jungenspezifische Bildungsarbeit – Fragen, einige Antworten, keine Rezepte.
In: Außerschulische Bildung Heft 4/1988
— ***Kommentar:*** *In dieser Kürze der beste Einstiegsartikel zum Thema, Zielgruppe aber Jugendliche in/nach der Pubertät*

✦ *Braun, Gisela:*
Ich sag' Nein!
Arbeitsmaterialien gegen den sexuellen Missbrauch an Jungen und Mädchen.
Verlag an der Ruhr. Mülheim an der Ruhr. 1992
— ***Kommentar:*** *viele praktische Tipps und Anregungen; Zielgruppe: Kindergarten und Grundschule*

✦ *BZgA-Publikationen:*
Bundeszentrale für gesundheitliche Aufklärung, 51101 Köln, verschiedene Publikationen, z.B.:
„Männlichkeit – mehr oder weniger?"
Köln 1996
— ***Kommentar:*** *Nicht nur zu AIDS, sondern in letzter Zeit auch zu Koedukation und Jungenarbeit interessante Texte*

✦ *Dissens e.V.:*
Beiträge zur Patriarchatskritik 1990–1996 –
Bausteine aus Theorie und Praxis des Männerkollektivs Dissens. Alektor Verlag. Berlin
— ***Kommentar:*** *Zwischenbilanz der Dissens-Männergruppe, Auseinandersetzung zur Frage, wie Männer sich antipatriarchal engagieren können, wie Jungenarbeit, Männerarbeit und Arbeit im Sinne von Gleichstellungsinitiativen gestaltet werden kann.*

✦ *Glücks, Elisabeth/Ottemeier-Glücks, Franz Gerd (Hg.):*
Geschlechtsbezogene Pädagogik. Ein Bildungskonzept zur Qualifizierung koedukativer Praxis durch parteiliche Mädchenarbeit und antisexistische Jungenarbeit.
Votum Verlag. Münster. 1994
— ***Kommentar:*** *aktuelles Buch der GründerInnen der „Alten Molkerei Frille"*

✦ *Hainmüller, Hiltrud:*
Eine Persönlichkeit sein.
Ethik für Jugendliche.
Verlag an der Ruhr. Mülheim an der Ruhr. 1998.
— ***Kommentar:*** *alle Texte sind im Unterricht erprobt und schülergerecht aufgearbeitet; handlungsorientierte Aufgabenstellungen regen zur Erkundung des eignen „Selbst" an, nicht nur im eigenen Kopf sondern auch im Dialog mit anderen. Zielgruppe: ab Klasse 9*

✦ *Hagemann-White, Carol:*
Sozialisation: weiblich-männlich?
Verlag Leske & Budrich. Opladen. 1984
— ***Kommentar:*** *nach wie vor zentraler theoretischer Grundlagentext zu allen Sozialisationsfragen und -orten: Schule, Familie, Öffentlichkeit, Auseinandersetzung mit biologistischen Erklärungsmustern anderer AutorInnen*

✦ *Hoppe, Siegrid und Hartmut:*
Klotzen Mädchen! Spiele und Übungen für Selbstbewusstsein und Selbstbehauptung.
Verlag an der Ruhr. Mülheim an der Ruhr.1998
— ***Kommentar:*** *Paralleltitel zu dem vorliegenden Titel; Spiele, Übungen und Informationen zur Arbeit mit Mädchen; gut geeignet für Projektgruppen, AG's und Mädchengruppen ab 12 Jahren.*

✦ *Kordon, Klaus:*
Das Kaninchen.
Beltz Verlag. Weinheim, Basel. 1988
— ***Kommentar:*** *Kurzgeschichte zu Konflikten Jungen – Mädchen und „laute" Jungen – „leise" Jungen, zum (abschnittweisen) Vorlesen ab Klasse 4*

✦ *Mosse, George L.:*
Das Bild des Mannes – Zur Konstruktion der modernen Männlichkeit.
S. Fischer Verlag. Frankfurt/Main 1996
— ***Kommentar:*** *Sehr guter historischer Überblick über die Herausbildung des heutigen Männlichkeitsideals, leicht zu lesen, schön zu verschenken an Männer, die beim Lesen viel (und Überraschendes) von sich selbst wieder erkennen werden.*

✦ *Neutzling, Rainer/Fritsche, Burkhard:*
Ey Mann, bei mir ist es genauso – Cartoons für Jungen.
Hg.: Zartbitter e.V., Volksblatt Verlag. Köln. 1992
— ***Kommentar:*** *Kurzgeschichten zu typischen Jungenkonflikten als kurze Cartoons gezeichnet, auch zur Prävention sexueller Gewalt gedacht, ab 4. Klasse. Es gibt vom gleichen Verlag ein Buch mit Mädchencartoons.*

✦ *Schnack, Dieter/Neutzling, Rainer:*
Kleine Helden in Not. Jungen auf der Suche nach Männlichkeit.
rororo Mann, Hamburg. 1990
— ***Kommentar:*** *Gut zu lesende Einführung ins Thema Jungensozialisation aus der Sicht „parteilicher Jungenarbeit", kein „Praxishandbuch"*

✦ *Schnack, Dieter/Neutzling, Rainer:*
Die Prinzenrolle. Über die männliche Sexualität.
Rowohlt Reinbek bei Hamburg. 1993
— ***Kommentar:*** *Gut zu lesen, alle Altersstufen bedacht, auch für erwachsene Männer als Anregung, sich mit der eigenen Sexualität als Junge/Mann auseinander zu setzen, geeignet.*

✦ *Sielert, Uwe:*
Praxishandbuch für die Jungenarbeit.
Juventa-Verlag. Weinheim, München. 1989
— ***Kommentar:*** *Theoretisch Anhänger des „eigenständigen Männerstandpunktes", jedoch kein „Antifeminist", Praxisteil mit guten Ideen, Zielgruppe Jugendliche in/nach der Pubertät. Es gibt von Renate Klees das entsprechende „Praxishandbuch für die Mädchenarbeit".*

✦ *Spoden, Christian:*
Jungenarbeit in Schulen als Prävention von Gewalt an Mädchen. Gutachten für die Senatsverwaltung für Arbeit und Frauen Berlin. Berlin. 1993
— ***Kommentar:*** *interessante grundsätzliche, auf die Schule bezogene Darstellung*

✦ *Spoden, Christian:*
Curriculum zum Schulversuch **„Selbstbehauptung für Mädchen – Formen gewaltfreier Konfliktaustragung für Mädchen und Jungen".**
Berlin. 1994
— ***Kommentar:*** *Dieses Curriculum wurde vom Berliner Frauensenat in Auftrag gegeben und bildete wesentliche Grundlage des von 1994–1997 durchgeführten Modellversuchs*

✦ *Winter/Willems (Hg):*
„Was fehlt, sind Männer!"
Ansätze praktischer Jungen- und Männerarbeit.
Männer-Material Band 2, Tübingen. 1991
— ***Kommentar:*** *Praktische Erfahrungsberichte zu Jungen- und Männerarbeit verschiedener Alters- und sozialer Gruppen, jedoch keine „Spielesammlung" o.Ä. Es gibt mittlerweile 6 Bände der Männer-Materialien, die alle recht interessant sind.*

ZEITSCHRIFTEN:

✦ **Männerforum** – hrsg. v. Vorstand der Arbeitsgemeinschaft der Männerarbeit der EKD. Garde-Du-Corps-Straße 7, 34117 Kassel.
Erscheint zweimal jährlich.
— ***Kommentar:*** *Interessante und sehr vielseitige Themenhefte mit Foren, Dokumentationen, Männerkultur, Terminen, Workshops und Rezensionen. Schwerpunktheft zur Jungenarbeit z.B. Heft 13/1995 oder Heft 10/1994.*

✦ **Switchboard. Informationsdienst für Männer** – hrsg. v. Michael Firle und Alexander Bentheim. Verlag männerwege. Paul-Nevermann-Platz 2–4, 22765 Hamburg.
e-mail: maennerweg@aol.com
— ***Kommentar:*** *Erscheint monatlich. Rezensionen, TV-Tipps, Überblicke über Termine und Veranstaltungen, kaum redaktionelle Beiträge.*

✦ **Rundbrief Kritische Männerforschung** – Diskussionsforum des bundesweiten „Arbeitskreises Kritische Männerforschung". Sehr vielseitige Themen und (politische) Standpunkte vertreten, Heft Nr.12/13 vom 1. Quartal 1998 z.B. mit Literaturliste zu Jungenarbeit. Kontakt über : Ludger Jungnitz/Willi Walter, Brüssler Str.41, 13353 Berlin und e-mail: willibal@zedat.fu-berlin.de

INTER-NETT:

Zu Jungenarbeit allgemein gibt es keine relevanten deutschen Websites (Stand 10.98). Es lassen sich nur vereinzelt Aspekte unter den regionalen Jungen- bzw. Jugendzentren finden, wie z.B. die Website des ZOFF Jungenzentrums in Münster.
Adresse:
http://www.muenster.org/zoff/

Projekt: Soziales Lernen

Ein Praxisbuch für den Schulalltag

Christina Großmann

Gewaltbereitschaft, Desinteresse und massive Konzentrationsprobleme der Kinder und Jugendlichen drängen manche LehrerInnen zurück in autoritäre und frontale Unterrichtsformen. Nur so scheinen die vorgegebenen Lernziele noch erreichbar zu sein.

Das „Projekt: Soziales Lernen" bietet eine Alternative: Es stellt 65 praxisorientierte und vielfach sturmerprobte Unterrichtsentwürfe (à 45 Min.) mit zahlreichen konkreten Übungsbeschreibungen vor. Ziel ist es, die Entwicklung einer Klasse von Einzelnen zu einer Gruppe Schritt für Schritt zu fördern. Das Verhalten der Kinder und Jugendlichen am Ende des Projekts ist deutlich kooperativer, kommunikativer und konstruktiver. Die Zusammenarbeit von LehrerIn und SchülerInnen wird wesentlich effektiver.

Neben der Arbeit im Klassenverband bildet die „Soziale Einzelhilfe" den zweiten Schwerpunkt des Projekts. Das Buch stellt exemplarische und übertragbare Ansätze solcher Einzelhilfe anhand von Fallbeispielen vor.

Ab 10 J., 152 S., 15,3 x 22 cm, Pb.
ISBN 3-86072-261-1
Best.-Nr. 2261
24,80 DM/sFr/181,- öS

Konflikte selber lösen

Trainingshandbuch für Mediation und Konfliktmanagement in Schule und Jugendarbeit

K. Faller, W. Kerntke, M. Wackmann

Gewalt ist für viele Kinder und Jugendliche heute die nächstliegende und effektivste Möglichkeit Konflikte zu lösen: Nicht aus Lust an Streit und Gewalt, sondern weil sie keine anderen Möglichkeiten kennen, mit Konflikten umzugehen. Da müssen andere Formen konstruktiver Konfliktaustragung entwickelt werden.

Mediation ist ein Ansatz, der auch für Konfliktregelungen in der Schule geeignet ist. Schlichter sind hier andere Schüler und Schülerinnen, die den Konfliktparteien hinsichtlich Alter, Geschlecht und Ethnizität nahe stehen.

Das Handbuch enthält ein Ausbildungsprogramm für diese Schüler und Schülerinnen, in dem ihnen Grundregeln und Techniken der Mediation und konstruktiver Konfliktaustragung vermittelt werden. Es bietet nicht nur Grundüberlegungen zum Thema, sondern auch Organisationshilfen, das Curriculum und viele Beispiele für Spiele und Übungen.

Ab 10 J., 207 S., A4, Pb.
ISBN 3-86072-220-4
Best.-Nr. 2220
45,- DM/sFr/329,- öS

Wir werden eine Klassengemeinschaft

Soziales Lernen in der Orientierungsstufe

H. Fiebig, F. Winterberg

Die Leitung einer 5. Klasse erfordert von LehrerInnen besondere Kompetenzen. Nicht nur, dass es gilt, eine möglichst breite Basis für den Lernstoff der Sekundarstufe zu legen. Fast noch wichtiger ist es, aus einem heterogenen „Haufen" eine funktionierende soziale Gruppe zu bilden – in Zeiten wachsender Klassenstärken wichtiger, aber schwieriger denn je.

Dass dies durchaus im Unterrichtsalltag möglich ist, beweist diese Arbeitsmappe mit Hilfen und Anregungen für einen sanften Übergang zu einer verantwortlich handelnden Gruppe. Die SchülerInnen lernen die Aufgaben in einer Klassengemeinschaft kennen, sie setzen sich mit Selbstkonzepten und Fremdwahrnehmung auseinander, erfahren spielerisch und zunehmend praktisch, wie sie als Gruppe handeln können und erleben im Rahmen eines selbst organisierten Festes, zu welchen Ergebnissen gemeinsame Arbeit führen kann.

Das praxiserprobte Programm beschränkt sich aber nicht alleine auf die Kompetenzstärkung; es umfaßt auch die Vermittlung der notwendigen Organisationsformen, um inhaltlich effektiv arbeiten zu können, wirkt also so auch wieder positiv auf die Unterrichtsinhalte und das Lernklima in Ihrer Klasse. Soziales Lernen also nicht als verlorene Zeit, sondern eine hochverzinsliche Investition.

Ab Kl. 5, 90 Seiten, A4, Papph.
ISBN 3-86072-388-X
Best.-Nr. 2388
36,- DM/sFr/263,- öS

LebensFragen:

Eine Persönlichkeit sein

Hiltrud Hainmüller

Ich – wer oder was ist das? Für eine Selbsterkenntnis sagt der Blick in den Spiegel zu wenig aus. Wie sehen mich andere? Kann ich in dieser Welt Selbstvertrauen gewinnen? Wie gestalte ich mein Leben: zwischen Haben und Sein, als Kampf oder Party, allein oder geborgen ...?

Dieser erste Band der neuen Ethik-Reihe „LebensFragen" kann und will keine Antworten geben, er hilft aber, ins Nachdenken zu kommen und sich auf den Weg zur Erkundung möglicher Antworten zu machen. Wegweiser und Begleiter sind Bilder und Texte über/von Sokrates bis Tic-Tac-Toe, von Seneca bis Fromm, von Tucholsky bis Gernhardt, von Eltern und Kindern, von Lehrern und Schülern ...

Alle Texte sind im Unterricht erprobt und schülergerecht aufbereitet, begleitet von Arbeitsblättern und handlungsorientierten Aufgabenstellungen, die dazu anregen, die Erkundung des „Selbst" nicht nur im (eigenen) Kopf zu betreiben, sondern im Dialog und der Interaktion mit anderen zu erfahren.

Für alle Schularten, auch geeignet zur Belebung des Unterrichts in der gymnasialen Oberstufe.

Ab Kl. 9, 64 S., A4, Papph.
ISBN 3-86072-372-3
Best.-Nr. 2372
36,- DM/sFr/263,- öS

LEBENS FRAGEN